これから**始める人の**

経理入門

佐々木理恵
Sasaki Masae

新星出版社

　これから**経理の勉強を始めよう**と思っている、**あなたへ。**

　いま、あなたは「経理」に、どんなイメージをもっていますか？

「会社のお金を扱う、大事な仕事」
「いつも数字とにらめっこをしている、地味な仕事」
「経理をする人は、数学が得意で、むずかしい勉強をした特別な人」
　真っ先に、そんなことが思い浮かぶかもしれませんね。

　そして、そんな経理の勉強を、これから自分が本当にできるのか、不安な人もいると思います。

　でも、安心してください！
　この本を読むかぎり、「経理はむずかしい」と感じることは、いっさいありません！

　はじめのうちは、聞きなれない言葉がいろいろと出てくるし、知らないことばかりでしょうから、少しはとまどうことがあるかもしれません。

でも、**最後までしっかりと、この本を読んでいただければ、経理の「イロハ」を、必ず身につけることができます！**

　あなたが、この本を読み終わったころには、経理がもっと好きになっているはずです！

　ところで、なぜ、あなたは「経理の勉強をしよう」と思ったのでしょうか。

　「専門的な知識があるほうが、就職に有利だから」とか、「急に会社で経理を担当することになったから」「自分で新しく商売を始めるので、経理の知識が必要だから」など、勉強を始める動機は人によってさまざまです。

　当然、経理について知っていることも、人によって差があります。

　ただ、たくさんある経理関係の書籍の中で、この本を手にしてくださったあなたは、**「これが一番わかりやすそうだ」**と思って選んでくださったのに違いありません。

　あなたが勉強を始める動機や、いまもっている経理の知識がどの程度のものでも、この本は誰にでもスラスラと読めて、経理の基礎知識がしっかりと身につくようになっています。

　なぜなら、著者である私は、あなたのことをよく知っているからです。私はこれまでに、あなたと同じように経理のことをまったく知らない人たちが、立派に経理の仕事ができるようにお手伝いをしてきました。

　だから、超初心者のあなたが、勉強を始めた入り口でつまづいて、

続けるのがイヤにならないようにするにはどうすればいいか、よくわかっています。

　わかりづらいところは、先回りして、ポイントをしっかり押さえて解説していますから、安心してください。

　この本の中で、「まさえ先生」として登場するのが、私です。

一緒に、経理の初歩を、
気軽に、楽しく学んでいきましょう！

税理士　佐々木理恵

本書は2014年12月時点の会計基準、法令などをもとに解説しています。

これから始める人の経理入門

はじめに……3

プロローグ 経理ってどんなもの？

① 経理ってつまらない？ いいえ、おもしろいんです！……22

● 外から見たイメージと、仕事の中身はまるで違います！
● オモテ舞台には立たないけれど、会社に欠かせない存在

② 会社のおサイフは 経理がいないと使えません！……24

● お金の出し入れは、経理にまかされています！

③ 「読みやすい字だね」と ほめられましょう！……26

● 「自分だけわかればいいや」は禁物です！
● 間違った数字は、二重線を引いて直します

④ 電卓はゆっくりでOK！ ミスなく計算しましょう！……28

● 必ず計算し直して、正しいかどうか確認します
● 電卓を使って計算してみましょう

目次

**（5）会社の印鑑は
たくさん種類があります！**……30
● どんな書類に、どの印鑑を使うか覚えましょう

**（6）お金の出し入れは
伝票という紙に書きます！**……32
● 伝票は、取引の内容を伝えるために書きます

**（7）お金の出し入れは
帳簿というノートに書きます！**……34
● どんな会社でもつくる、大事な帳簿が２つあります

**（8）経理ならではの
用語があります！**……36
● 聞きなれない言葉を、この際、覚えてしまいましょう

第1章　現金、預金を扱う仕事

**（1）初心者のあなたには
まず現金をまかせます！**……42
● 現金を出し入れして記録することを現金出納といいます
● 実際の現金の額と記録の額は、いつも同じです

これから始める人の経理入門

2 社員が立て替えた
お金を返します……44
- 社員が立て替えて、支払ったお金を戻します
- 精算する現金は封筒に入れて渡し、受領印をもらいます

3 社員に先にお金を
渡すこともあります……48
- 先にお金を渡したら、必ずあとで精算します

4 商品の代金を預かったら
金庫に保管します……50
- 経理で領収書をつくることがあります

5 金庫のお金は
なくなる前に足します……52
- 金庫の現金が減ってきたら、預金口座から引き出します
- 金庫の現金が増えたら、預金口座へ移します
- つり銭用の現金は、銀行の両替機を使って用意します
- 預金出納帳に記録する場合もあります

目次

第2章 # 仕訳ってどんなもの？

1 ### お金の出し入れの記録には
まだ続きがあります……58

● 会社の経理は、特別な記録の仕方をします
● お金の出し入れを正確につかむ記録の仕方をします

2 ### 何が減って、何が増えたか？
それが２つの見方です……60

● 少しずつなれれば、誰でもできます！

3 ### お金が盗まれても
会社の取引です！……62

● 会社の財産が増えたり減ったりしたら、すべて取引です

4 ### 複式簿記では
「宅配便代金」とは書きません……64

● 取引の内容をあらわす勘定科目を使って記録します

5 ### 勘定科目には
５つのグループがあります……66

● 資産、負債、純資産、収益、費用に分けられます

これから始める人の経理入門

6 取引があったら仕訳をします……68
- 仕訳を書く欄は、左側と右側に1つずつあります
- 実際に仕訳をしてみましょう

7 会社の財産ともうけを知りたいですよね！……70
- 財産ともうけが、わかる書類があります

8 仕訳の決まりごとを覚えてしまいましょう！……72
- 2つの書類に、何が書かれていたか確認しましょう
- 仕訳をするときは、2つの書類を思い出します

9 財産がわかる書類を思い出して仕訳をします……74
- 貸借対照表をイメージして、仕訳をすれば簡単です！

目 次

10 もうけがわかる書類を
思い出して仕訳をします……76

● 損益計算書をイメージして、仕訳をすれば簡単です！

11 勘定科目には
こんなものがあります……78

● よく使うものから覚えていきましょう

12 習うより、なれろ！
とにかく練習しましょう……82

● 現金、預金に関する取引を仕訳してみましょう

第3章 入金と支払いの仕事

1 代金はあとでもらう!?
ツケみたいなものです……94

● 請求書はお客様用と会社控えの2部つくります

2 掛売りしたら
仕訳をします……96

● 1回めの仕訳は、掛売りしたときです
● 消費税は、2通りの扱い方があります

これから始める人の経理入門

③ 代金をあとでもらったら また仕訳をします……98

- 代金が銀行振込みされたら、預金が増えます
- 振込手数料を自社が負担することがあります

④ 小切手は すぐに現金になります……100

- 小切手は銀行へもっていくと、お金に換えてもらえます
- 小切手の仕訳は、2回行います

⑤ 手形は すぐに現金になりません……102

- 手形には、受取手形と支払手形があります
- 手形の仕訳は、2回行います

⑥ 商品をあと払いで 仕入れることがあります……104

- 請求書を受け取り、期日までに代金を振り込みます
- 現金で仕入れたときと、掛買いで仕入れたときの仕訳です
- 商品以外のものを掛買いしたときの仕訳です

⑦ 預金口座からの 自動引き落としがあります……108

- 預金通帳の記帳と、預金出納帳への記録を忘れずに
- 自動引き落としされた経費を仕訳します

目次

8 請求書や領収書は保管しておきます……110
- 誰にでも、わかりやすく整理するのがポイントです
- 法律で保存期間が決められています

第4章 給与支払いと年末調整の仕事

1 あなたがいないとお給料がもらえません！……116
- タイムカードをチェックして、給与の額を計算します

2 給与から差し引くお金があります……118
- まず、給与の総額を計算しましょう
- 社員へ渡すのは、給与の全額ではありません

③ 給与から 税金を差し引きます……120

- 社員の所得税を、会社が差し引いて預かります
- 社員の住民税も、会社が差し引いて預かります

④ 社会保険料も 給与から差し引きます……122

- 健康保険料、介護保険料、厚生年金保険料を預かります
- 雇用保険料を預かります。労災保険料は全額会社負担です

⑤ 給与の内容を 知らせる書類をつくります……124

- 書類の形式はさまざまですが、記載項目は決まっています

⑥ 給与の支払いも 会社の取引です……126

- 給与の仕訳は、いくつかの段階があります

⑦ 給与計算は 年末にまとめをします……130

- 社員の1年間の給与額が確定したら、年末調整をします
- 社員に書類を書いてもらい、年末調整の計算をします

目次

**⑧ 年末調整の
計算をします**……132

● なれるまでは、ちょっと手間がかかるかもしれません

**⑨ 年末調整後に
提出する書類があります**……136

● 給与支払報告書、源泉徴収票、法定調書合計表をつくります

第5章 帳簿づけの仕事

**① 仕訳をしたら終わりじゃない！
最終ゴールは決算です**……142

● 仕訳をしたら、仕訳帳に記録していきます
● 仕訳帳の内容は、総勘定元帳に転記します

**② 仕訳帳を
書いてみましょう**……144

● 取引が発生した順に、仕訳を記録していきます
● 2つ以上の勘定科目があるときは「諸口」と書きます

これから始める人の経理入門

3 総勘定元帳へ
転記してみましょう……148

● 仕訳を勘定科目ごとに分けてまとめます

4 試算表を
つくってみましょう……150

● おおよその財産と、もうけを知るためにつくります
● 総勘定元帳から試算表をつくってみます

第6章 # 決算ってどんなもの？

1 1年間の会社の
成績表をつくります……158

● 会社のもうけと、財産がわかる書類をつくります
● 会社では、特別な呼び方をする時期があります

2 決算の流れを
見てみましょう……160

● 毎日の経理の仕事は、決算へ向けた積み重ねです

3 1年が終わらないと
できない仕訳があります……162

● 決算整理では、4つの作業を行います

4 会計ソフトを使えば決算もラクラク！……166
● 毎日の仕訳と、決算整理の仕訳の入力だけでOK！

5 決算書はいろいろな人が見ます……168
● 社長や銀行、株主などが注目します

6 税金を納めるのを忘れないで！……170
● 申告と納税を忘れるとペナルティがあります
● 税金には、いくつか種類があります

おわりに……172
索引……174

デザイン・DTP●田中由美
イラスト●坂木浩子（株式会社ぽるか）
編集協力●有限会社クラップス

この本に登場する人

なおみ

キャラクターグッズの企画販売会社「キラキラ商事」の新入社員。未経験の経理担当になって大ピンチ！「習うより、なれろ」だ。ガンバレなおみ！

社長

キラキラ商事の経営者。一見コワモテだが、じつはカワイイものが大好きなデザイナー。社運をかけた新商品は果たしてヒットするか!?

マコト

なおみよりも2週間早く入社した、若手営業マン。仕事熱心だが、サイフの中身はいつもカラ。

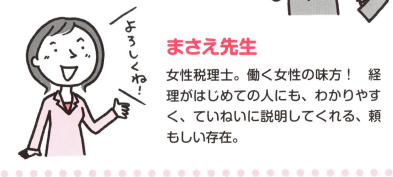

まさえ先生

女性税理士。働く女性の味方！ 経理がはじめての人にも、わかりやすく、ていねいに説明してくれる、頼もしい存在。

プロローグ

経理って
どんなもの？

経理ってつまらない？
いいえ、おもしろいんです！

📌 **外から見たイメージと、仕事の中身はまるで違います！**

こんにちは！　税理士の「まさえ先生」です。
さあ、これから私と一緒に、経理の勉強を始めましょう！
はじめに、あなたにいっておきたいことがあります。それは……。

経理は、とても
やりがいのある仕事です！

経理はおもしろくて、奥が深くて、達成感を味わうことのできる仕事なんです！

数字や計算が苦手でも？

もちろん大丈夫！　それに、経理がいないと、お給料が支払われないし、立て替えた交通費も戻ってこないし、第一、会社がもうかっているのかもわからなくなってしまうんです！

経理がいないと
会社は困っちゃいますね！

📌 **オモテ舞台には立たないけれど、会社に欠かせない存在**

そう！　経理は、**会社に欠かせない存在**なんです！

会社には、いろいろな役割をもった人たちが集まっていて、みんなが力を合わせて仕事をしています。

その中で経理は、**お金に関するプロフェッショナル**です。

経理の**役割**は会社のあらゆる**お金の流れ**を**管理**することです

商品やサービスの売り買いが、会社のオモテ舞台だとすれば、経理はそれを縁の下で支える力持ちです。あなたがしっかりと仕事をしてくれるから、みんなも安心して働くことができるのです！

わあ！私もがんばらなくちゃ！

経理の仕事は毎日、毎月、毎年行うことがだいたい決まっていて、同じことの繰り返しです。だから、やり方さえ覚えてしまえば、あとはテキパキと、ラクラクこなしていけますよ！

そのやり方を、1つずつマスターしましょう。

めざせ！経理の**プロフェッショナル！**

プロローグ　経理ってどんなもの？

23

会社のおサイフは経理がいないと使えません！

📌 お金の出し入れは、経理にまかされています！

　会社では、たえずお金が出たり入ったりしています。

　例えば、会社は売るための商品を取引先から買っています。その買った商品は、お客様に売って代金をもらっています。

　また、仕事で使う文房具やパソコンはお店で買いますし、外へ出かければ電車賃やタクシー代がかかります。事務所の家賃や電気代、水道代、電話代だってかかりますね。

　働いている社員には、お給料も払わなくてはなりません。

　こうしたお金の出し入れは、**現金（キャッシュ）** で行われるほか、銀行や信用金庫などの金融機関に預け入れた**預金の口座**を通しても行われます。経理の役割は、これらの**お金の出し入れを正確に行うとともに、記録していく**ことなのです。

では、実際に**経理はどんな仕事をする**のでしょうか。
大きく分けると、次の5つになります。

　この中で、「**取引**」という言葉が出てきましたね。
　経理でいう「取引」とは、会社の財産が増えたり、減ったりすることをいいます（詳しくはP.62参照）。
　では、これらの経理の仕事をするために、前もって知っておきたいことを、次のページから学んでいきましょう。

「読みやすい字だね」と ほめられましょう！

 「自分だけわかればいいや」は禁物です！

　経理の仕事をするために、まず知っておきたいのは、**文字や数字の書き方**です。経理は、いろいろな書類にお金の出し入れを記録します。日付や金額、内容などを手書きするときは、文字や数字は**できるだけ読みやすく書く**ように心がけましょう。

1と7、6と0は わかりやすく 書きましょう

1234567890

¥1,000　カンマが1つで千

¥1,000,000　カンマが2つで百万

¥1,000,000,000　カンマが3つで十億

金額はアタマに¥マークをつけることがあります また3ケタごとにカンマをつけます

　字体をくずしたり、省略するなどして、書いた本人にしかわからないような字ではいけません。記録した書類はあなただけではなく、上司や同僚も見ることがあります。うまいか、へたかではなく、文字や数字は**誰が見ても正しく読めるように書きましょう**。

📌 間違った数字は、二重線を引いて直します

　経理の記録をつけるときは、原則として鉛筆やシャープペンなど、あとから消せる筆記用具は使いません。**黒のボールペン**などを使います。

　また、日付や金額を間違ったときは、**間違った数字の上に二重線を引いて、その上に正しい数字を書き込みます。**

　修正液を使ってはいけませんよ。

　間違いを訂正し終えたら、二重線の上に**自分の印鑑**を押しておきます。これは、誰が訂正したのかがわかるようにするためのもので、**訂正印**といいます。

正しい金額を書く
125,000
¥123,000
数字全体に二重線を引く
訂正印を押す

あとで書き変えができないように鉛筆ではなく黒ボールペンなどを使います

同じ理由で修正液もダメなんですね

4 電卓はゆっくりでOK！ミスなく計算しましょう！

📌 必ず計算し直して、正しいかどうか確認します

お金の計算をすることが多い経理では、**電卓**をよく使います。

あなたは、ベテランの経理担当者が電卓を見ずに、素早くキーを叩く姿を見て、ビックリしたことはありませんか。

電卓を早く操作するにはコツがあり、なれも必要です。

ただし、電卓を使うときに大事なのは、早さではありません。いくら早くても、計算ミスがあったら困ります。

> 一番大切なことは
> **正確に計算する**ことです！

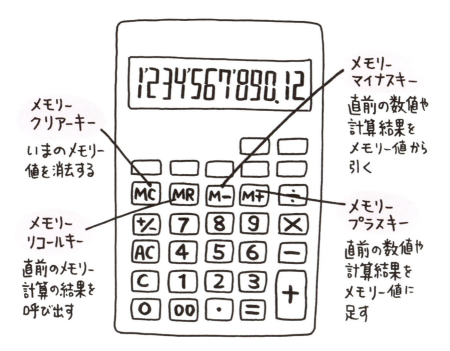

📌 電卓を使って計算してみましょう

メモリーキー M+ M- MR を使った計算の仕方
　例…(340×3)+(180×2)の計算をするとき
　3 4 0 × 3 M+ 1 8 0 × 2 M+ MR
　1,380 と表示される

パーセントキー % を使った計算の仕方
　例…3,750の8%を計算するとき
　3 7 5 0 × 8 %
　300 と表示される

会社の印鑑はたくさん種類があります！

📌 どんな書類に、どの印鑑を使うか覚えましょう

会社には、いろいろな**印鑑**があります。印鑑によって、**もっている人が違いますし、使いみちも違います**。

印鑑を押すときは「これでいいのかな」と、必ず確認しましょう。

代表者印（実印）
<small>だいひょうしゃいん　じついん</small>

会社で一番大切な印鑑で、会社の**実印**です。使うことはめったになく、契約書などの重要な書類に限られます。

銀行印
<small>ぎんこういん</small>

会社と取引のある**銀行**などに届け出た**印鑑**です。銀行印を経理で保管するときは、盗難防止のために**印鑑と通帳は別々に保管**しましょう。

会社印（かいしゃいん）（角印（かくいん））

会社が発行する**請求書や領収書など**
で使う印鑑です。正方形をしているの
で、**角印（かくいん）**ともいいます。

　例えば、会社が発行する請求書に会社印を押すときは、書類に書かれた社名や代表者名と重なるようにして押します。

ゴム印（いん）（社判（しゃばん））

　社名や住所、電話番号など
を記した**ゴム製の印鑑**です。
社判（しゃばん）ともいいます。

お金の出し入れは伝票という紙に書きます！

📌 伝票は、取引の内容を伝えるために書きます

経理が、会社のお金の流れを記録する方法の1つに、**伝票**に書くというやり方があります。

伝票って、レストランなんかのお会計で使う紙のこと？

うーん、会社で使う伝票は、ちょっと違いますね。

伝票とは、お金の出し入れがあったときに、日付や内容、金額を書いておく書類です

どういう取引によってお金の出し入れがあったのかを、**取引をした人が経理へ伝えるためのもの**だと思えばいいでしょう。

また、伝票を書いておけば、取引があったことを、**あとで確認することもできます**。

会社によっては、お金の出し入れがあったときは、そのほとんどを伝票に書いて記録しているところもあります。そのため、伝票には右ページに紹介したもの以外にも、いろいろな種類があります。

入金伝票
にゅうきんでんぴょう

現金が入ってきたときに記録する伝票です。

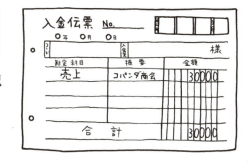

出金伝票
しゅっきんでんぴょう

現金が出ていった（支払った）ときに記録する伝票です。

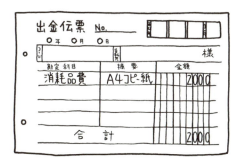

振替伝票
ふりかえでんぴょう

入金伝票、出金伝票にあてはまらないお金の出し入れを記録する伝票です。

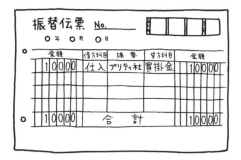

7 お金の出し入れは帳簿というノートに書きます！

📌 どんな会社でもつくる、大事な帳簿が2つあります

　伝票のほかにも、会社のお金の流れを記録するやり方があります。それは、**帳簿**というノート（帳面）に書くことです。

　帳簿なんて見たことありません！

　そうかしら？　あなたは「大福帳」って、知りませんか。

　あっ、それなら時代劇で見たわ！

　大福帳は、昔の商人がお金の出し入れを記録した帳簿なんです。
　それと、飲食店の店先などに、よくタヌキの人形が立っていますよね。あのタヌキは、手になにかもっていませんでしたか。

　お酒が入ったトックリね！

　その通り！　それともう1つ、ぶ厚い帳簿を手にさげています。あれは「**通い帳**」といって、お酒好きのタヌキが、お店にツケで飲んだ金額を忘れないように書きとめておく帳簿なんですよ。
　じつは、帳簿は昔からあって、しかもいろいろあるんですね。

いま、会社で使われている帳簿にも、いろいろな種類があります。その中でもとくに大事なのが、下の2つの帳簿です。

仕訳帳（しわけちょう）

あとで説明しますが、お金の出し入れは、すべて**仕訳という作業をしてから記録**します。

仕訳の結果を、日付順に記録していく帳簿が、**仕訳帳**です。

総勘定元帳（そうかんじょうもとちょう）

仕訳帳に記録した内容を書き移して、さらにわかりやすく整理した帳簿が、**総勘定元帳**です。

この大切な2つの帳簿は**主要簿**（しゅようぼ）と呼んでいます

この2つは、会社で必ずつくる帳簿です。ここでは、こうしたものがあるということだけ、知っておきましょう。詳しくは第5章で説明しますね。

このほかにも、現金の出し入れを記録する帳簿や、銀行の預金の出し入れを記録する帳簿もあります。

これらは、主要簿に対して、**補助簿**（ほじょぼ）と呼んでいます。

経理ならではの用語があります!

📌 聞きなれない言葉を、この際、覚えてしまいましょう

経理では、ふだん聞きなれない言葉がいろいろあります。
あらかじめ知っておきたい言葉を、いくつか説明しておきます。

経費(けいひ)

経理では、よく「経費(けいひ)で落とす（落ちる）」とか「経費と認められる」「経費で計上(けいじょう)する」といったいい方をします。

経費とは、次のようなものをいいます。

経費のいろいろ

証憑書類

証憑書類とは、**お金やモノのやりとりがあったことを証明する書類**です。領収書やレシート、請求書、見積書、発注書、受領書、納品書、旅費精算書などをいいます。

掛売り／掛買い

商品やサービスを売ったり、買ったりするときに、すぐに代金を支払わず、**あとで支払うことを掛け**といいます。

掛売りは、会社が売った商品やサービスの代金を、あとで相手から支払ってもらう（掛けで売る）ことで、そのお金を**売掛金**といいます。

例えば、10万円の商品をA社に売って、代金をその場で受けとらずに、あとで支払ってもらうときは、「A社に10万円掛売りした」といいます。

掛買いとは、会社が買った商品やサービスの代金を、あとで相手に支払う（掛けで買う）ことで、そのお金を**買掛金**といいます。

当座預金

普通預金は、いつでも自由にお金の預け入れと引き出しができる預金です。

当座預金とは、銀行と**当座取引契約**を結ぶことで、お金の預け入れと引き出しができるようにした預金です。簡単にいうと、**小切手を使うために必要な預金**です（小切手はP.100参照）。

プロローグ

経理ってどんなもの？

37

お疲れさまでした！

　これから経理を学ぼうとしているあなたが、はじめに知っておいてほしいことは、ここまでです。

こちら
私にもわかったわ！

よかった！
　では次の章から、実際に行う経理の仕事を1つずつ見ていきましょう。
　まずは、経理の初心者がまかせられることの多い、**現金と預金の出し入れ**です。

あせらず
マイペースに
読んでくださいね！

第 1 章

現金、預金を扱う仕事

書類の山はどうするの！

初心者のあなたには まず現金をまかせます!

📌 現金を出し入れして記録することを現金出納といいます

　経理の担当者になって、はじめに覚えておきたい仕事は**現金(キャッシュ)を扱う仕事**です。

　経理では、すぐにお金の出し入れができるように、**金庫**などに一定額の現金を保管しています。この金庫の中の現金を出し入れして、それを記録することを**現金出納**といい、記録する帳簿を**現金出納帳**といいます。

　右ページの上に現金出納帳の例を示しました。見た目は、おこづかい帳とよく似ていますね。

　ここに、**現金の出し入れがあった順**に、**日付**、**摘要**、**科目**、**収入と支出の額**、**残高**を書き込んでいきます。

　例えば、会社に着払いの宅配便が届き、経理担当者が金庫から代金1,080円を支払ったとしましょう。このときの現金出納帳への記録は、右ページの表の🅐のようになります。

　また、銀行の預金口座からお金を引き出して、金庫に入れたときは、右ページの表の🅑にように記録します。

現金出納帳の例

現金の出し入れの内容 → 摘要

勘定科目（P.64参照） → 科目

日付	摘要	科目	収入	支出	残高
6/1	前月より繰越				100,000
6/2	宅配便代金			1,080	98,920	← Ⓐ
6/3	預金引き出し		50,000		148,920	← Ⓑ
〇〇	現金過不足		5,000		50,000	← Ⓒ

📌 実際の現金の額と記録の額は、いつも同じです

　現金出納で大切なのは、実際の金庫内の現金の残高と、現金出納帳に記録された残高が、**いつでも同じになっている**ことです。

　では、もしも同じではなかったら、どうしたらいいでしょうか。

　そのときは、**金庫内の現金の残高に、現金出納帳の記録を合わせる**ようにします。

　例えば、金庫内には50,000円残っているのに、現金出納帳の残高が45,000円になっていたときは、現金出納帳の残高のほうを50,000円にします。それには、「摘要」欄に「**現金過不足**」と書いて、収入が5,000円あったことにして、残高を50,000円に増やします。上の表のⒸのようになります。

現金過不足とは、不明なお金があるという意味です

社員が立て替えた お金を返します

📌 社員が立て替えて、支払ったお金を戻します

現金出納で多いのは、**経費の精算**です。

仕事で必要な文房具などを買ったり、取引先へ出かけたときの交通費の支払いは、ひとまず社員が立て替えて支払い、あとで経理に報告してお金を戻してもらいます。

これを**経費の精算**といいます。

経費の精算の流れは、次のようになります。

交通費精算書の記入例

201X 年 12 月 10 日

申請者	所属	営業1課
	氏名	鈴木マコト ㊞

所属長	経理	受領印

日付	行先	用件	交通機関	出発	到着	金額
11/1	コパンダ商会	納品	JR	上野	新宿	330
11/3	プリティ社	打ち合わせ	バス	上野	東日本橋	420

経費精算書の記入例

201X 年 12 月 10 日

申請者	所属	営業1課
	氏名	鈴木マコト ㊞

所属長	経理	受領印

日付	支払先	内容	金額
11/1	喫茶室名画	コパンダ商会小熊様と打ち合わせ 喫茶代金	800
11/3	暗井電機	乾電池代金	400

上のような精算書の代わりに出金伝票を使うこともあります

第1章 現金、預金を扱う仕事

📌 精算する現金は封筒に入れて渡し、受領印をもらいます

精算する現金は、**封筒に入れる**などして渡します。

必ず社員の目の前で**現金を数えて**、金額に間違いがないかを確認してもらいましょう。

社員の氏名、精算日、金額、**受領印（またはサイン）**などを記入する表を、封筒のオモテに貼り付けるか、別紙として用意し、現金を渡すときに書き込んでおき、確認してもらいます。

領収書の宛て名は「上様」ではなく**会社名**にしてね！

交通費の精算

ふだんは切符を買わずにSuicaなどの交通系ICカードを利用することが多いでしょう。

交通費の精算は、行き先や利用した交通機関とその区間、金額などを交通費精算書や出金伝票に書いて経理に提出してもらいます。**領収書がなくてもOK**です。

文房具代、書籍代などの精算

経費精算書や出金伝票を書いてもらい、領収書などと一緒に提出してもらいます。

取引先との飲食代の精算

営業の人などが、取引先の人と打ち合わせをかねた飲食をして、その代金を支払うことがあります。**この代金も会社の経費となる**ので精算します。

飲食をした日付や利用したお店の名前、住所、一緒に飲食をした人数、相手の名前や会社名などを、経費精算書や出金伝票に細かく書いてもらい、領収書などと一緒に提出してもらいます。

イベント参加費、祝い金、香典などの精算

これらは**領収書がもらえない**ことが多いものです。

経費精算書や出金伝票に、支払先や内容を細かく書いてもらうほか、招待状や案内状などがあれば一緒に提出してもらいます。

領収書は
もらったほうがいいのね！

3 社員に先にお金を渡すこともあります

📌 先にお金を渡したら、必ずあとで精算します

　社員が出張に出かけたり、取引先を接待するときに、何万円もの高いお金がかかりそうなときは、前もって社員におおよその金額を見積もってもらい、お金を渡しておきます。
　これを**仮払い**といい、渡すお金を**仮払金**といいます。

仮払いが申請される

　社員が仮払いを申請するときは、決められた**仮払金申請書**に、仮払いの目的や、仮払いする総額、仮払いしてほしい日付などを書いて、経理に提出してもらいます。

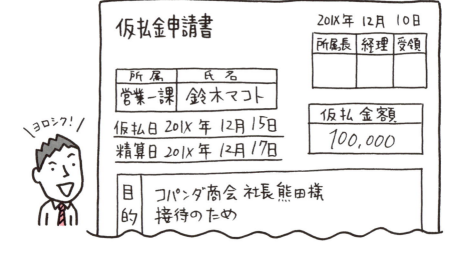

仮払金を渡す

仮払申請書を受け取ったら、内容をよく確認してから、金庫から現金を出して社員に渡します。

渡したら、仮払金申請書の「受領」欄に、社員の受領印を押してもらいます。

仮払金を渡したことを、現金出納帳に忘れずに記入しましょう。

仮払いを精算する

社員が出張や接待を終えたら、仮払いを精算します。

仮払金精算書に、交通費や宿泊費、飲食代などの明細ごとの金額や、その総額、受け取った仮払金との差額などを書いて、**領収書**と、**仮払金の残金**と一緒に経理へ提出してもらいます。

もしも、払った実費が仮払金を上回っていたときは、**足りない分を現金で渡します**。

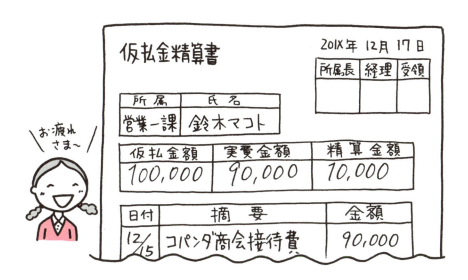

商品の代金を預かったら金庫に保管します

📌 経理で領収書をつくることがあります

商品やサービスを売った代金を、社員が**お客様から現金で受け取ってくる**ことがあります。

あらかじめ代金が現金で支払われることがわかっているときは、お客様に渡す**領収書**を経理でつくり、社員にもたせます。

領収書をつくる

一般的な領収書は、右ページのイラストのようになります。

受取金額が**50,000円以上**となる領収書には、**収入印紙**を貼らなくてはなりません。収入印紙とは、**印紙税**という税金です。

税額は、領収書の受取金額によって決められています。

ただし、**50,000円未満の場合は課税されません**。また50,000円以上1,000,000円以下の場合の印紙税は**200円**になります。

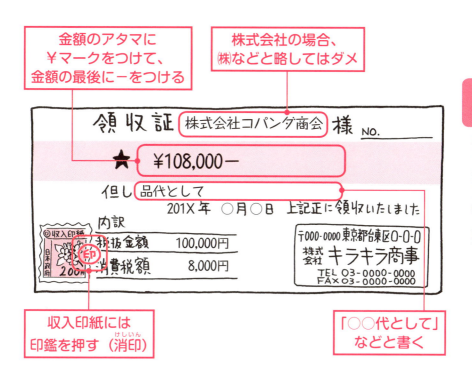

代金の現金を受け取る

　社員が代金を受け取り、経理へもってきたら、控えの領収書の額面と照らし合わせて確認します。

　間違いがなければ**金庫に保管**しましょう。

忘れずに現金出納帳に記録しましょう

金庫のお金は なくなる前に足します

📌 金庫の現金が減ってきたら、預金口座から引き出します

　金庫の現金が減ってきて、支払いなどで現金が足りなくなりそうなときは、早めに**銀行の預金口座から現金を引き出して**足しておきます。

　また会社の中には、金庫の現金の額を、毎月はじめに決まった額になるようにしているところもあります。

　銀行預金から現金を引き出したときは、必ず**預金通帳に記帳**します。引き出した現金を金庫に入れたら、現金出納帳のほかに、**預金出納帳**にも忘れずに記録します。

預金の出し入れがあったら　　預金出納帳に記録します

📌 金庫の現金が増えたら、預金口座へ移します

　一方で、売上げの代金を経理へ渡されるなどして、一時的に金庫の現金が多くなってしまうことがあります。

　火災や盗難など、万一のことを考えると、多額の現金を金庫に入れたままにしておくのは不安です。金庫には一定の額を残して、多い分は預金口座へ移しておきましょう。

📌つり銭用の現金は、銀行の両替機を使って用意します

現金で商品を売る会社などでは、**つり銭を現金で用意する**必要があります。

必要なお金の種類（金種）と枚数を決めて、銀行へ行き、**両替機**を使って両替します。画面の案内にしたがって、金種や枚数を入力すればＯＫです。

両替ってタダなの？

銀行によっても異なりますが、両替機の利用は、両替後の枚数が**一定の枚数以下なら手数料は無料で、それ以上の枚数だと有料**になります。窓口で頼む場合も同様です。

逆に、小銭をお札に両替するときも、一定の枚数までの手数料は無料で、それ以上は有料になります。

銀行の閉店まぎわや
月末月初は
両替機が混み合いますよ

📌 預金出納帳に記録する場合もあります

また、会社によっては**預金出納帳**という帳簿をつくって、預金口座別に、口座を通したお金の出し入れを記録するところもあります。

日付	摘要	科目	預入	引出	残高
9/5	現金預入	現金	100,000		750,000
9/8	プリティ社 買掛金支払い	買掛金		300,000	450,000
9/10	電話料金	通信費		30,000	420,000
9/15	家賃の引き落とし	賃借料		150,000	270,000

いろいろな帳簿があるのね！

現金、預金を扱う仕事はここまでです
次に仕訳を学びましょう

第2章

仕訳ってどんなもの？

仕訳をしましょ！

お金の出し入れの記録には まだ続きがあります

📌 会社の経理は、特別な記録の仕方をします

　経理の役割は、会社のあらゆるお金の流れを管理することです。お金の出し入れがあったら、必ずそれを記録します。

　例えば、交通費の精算をするのに、金庫からお金を出して社員に渡したら、どうしますか。

現金出納帳(げんきんすいとうちょう)に記録します！

　その通り！　では、銀行の預金口座から、水道光熱費が自動引き落としされたら、どうしますか。

預金出納帳(よきんすいとうちょう)に記録します！

　正解です！　ここまでは大丈夫ですね。

　この２つの帳簿は、おこづかい帳や家計簿のつけ方と、あまり変わりがありません。簡単ですね。ただ、経理が行うお金の出し入れの記録は、**これでおしまいではありません**。

えー！まだあるの？

　じつは経理では、現金出納帳や預金出納帳などに記録したあとで、**特別な方法を使って、別の帳簿に記録し直す**のです。

📌 お金の出し入れを正確につかむ記録の仕方をします

お金の出し入れを**帳簿に記録**することを、**簿記**といいます。
おこづかい帳や家計簿も、広い意味では帳簿の1つです。

これを、**単式簿記**といいます

おこづかい帳だけでなく、現金出納帳や預金出納帳も、単式簿記による記録の仕方をしています。
「単式」というのは、記録するときに、**お金の出し入れのとらえ方や見方が、1つだけしかない**という意味です。

これに対して、お金の出し入れのとらえ方や見方が、2つ（または2つ以上）**ある**記録の仕方があります。

それが、**複式簿記**です

会社では、どんなお金の出し入れがあったのかを、より正確につかむ必要があります。そのため、いったん単式簿記で記録したことも、**最終的には複式簿記で記録する**のです。

お金の出し入れのとらえ方、見方が
単式簿記 ➡ 1つだけ
複式簿記 ➡ 2つ以上ある

会社の経理は複式簿記です

何が減って、何が増えたか？
それが２つの見方です

📌 **少しずつなれれば、誰でもできます！**

　会社のお金の出し入れを、２つ以上の見方をして帳簿に記録するのが**複式簿記**です。

　でも、どのようにすればいいのでしょうか。

　例えば、会社に着払いの宅配便が届き、その**宅配便代金の1,080円**を、経理の金庫から**現金を出して払った**場合で考えてみましょう。

　おこづかい帳や家計簿などの単式簿記であれば、このお金の出し入れは１つだけの見方をすればOKです。それは、こうなります。

現金が、
1,080円減った

　これが複式簿記では、このほかにもう１つのとらえ方、見方をします。それは、こうなります。

宅配便代金が、
1,080円発生した

もう1つ、例をあげましょう。

今度は、金庫の中の現金が足りなくなったので、**預金口座から50,000円引き出して、金庫に現金を入れた**場合です。

まず、1つめの見方は次のようになります。

預金が、50,000円減った

続いて、2つめの見方はこうなります。

現金が、50,000円増えた

これが、複式簿記の基本的な考え方です。

なんでこんな面倒くさいことが必要なんだろう、と思ってしまいますよね。

誰もが、はじめはそう思います。でも、会社のお金の出し入れを正確につかむには、こうした複式簿記の考え方でなくてはならないのです。

少しずつなれれば誰でもできますよ！

お金が盗まれても会社の取引です！

📌 会社の財産が増えたり減ったりしたら、すべて取引です

　会社のお金の出し入れがあったら、**すべて複式簿記で記録**します。

　ただし、このお金の出し入れは、複式簿記でいう「**取引**」にあたる場合に限られます。

　この「取引」は、私たちがふだんの生活でいう取引とは、意味が少し違います。

> **取引**とは、会社の財産が増えたり減ったりすることです

　複式簿記でいう取引とは、たんにモノやお金のやりとりをすることではないのです。

　それでは、会社の「財産」とは、なんでしょうか。

> **財産**とは、会社が所有するモノやお金のことです

　例えば、宅配便の代金を、金庫からお金を出して払ったら、会社の財産であるお金が減ったわけですから、これは取引になります。

　同じように、預金口座からお金を引き出して、金庫に足したら、会社の財産である預金口座のお金が減ったわけですから、これも取引にあたるのです。

62

では、次のような場合は、複式簿記でいう取引になるでしょうか。考えてみてください。

会議で出す飲み物を買った

会社の財産であるお金が減ったので、**取引です**

お店を借りる契約をした

会社の財産が何も増えたり減ったりしていないので、**取引ではありません**

金庫のお金が盗まれた

会社の財産であるお金が減ったので、**取引です**

複式簿記では「宅配便代金」とは書きません

📌 取引の内容をあらわす勘定科目を使って記録します

　取引があったら、その**取引を２つ以上の見方をして帳簿に記録する**のが、**複式簿記**です。

　家計簿などの単式簿記で記録するときは、例えば「宅配便代金」というお金が、「1,080」円出ていった、とだけ書けばＯＫです。

　ところが、複式簿記では取引を２つ以上の見方をするので、２通り以上の書き方をしなくてはなりません。

　また「宅配便代金」という言葉は使いません。その代わりに使うのが、「運送費」（または「通信費」）という言葉です。

これを**勘定科目**といいます

　勘定科目とは、取引の内容をあらわす項目名です。

　例えば、コピー用紙を買ったときは、おこづかい帳や家計簿では「コピー用紙代金」などと書けばいいのですが、会社の経理が帳簿に記録するときは、「消耗品費」という勘定科目を使うのです。

　ボールペンやラインマーカーなどの文房具を買った代金も、同じく「消耗品費」という勘定科目を使います。

　では、勘定科目を使って、宅配便代金1,080円を金庫のお金から払ったときの記録の仕方を見てみましょう。次のようになります。

複式簿記だと

現　金 1,080
……取引の1つめの見方

運送費 1,080
……取引の2つめの見方

「現金」、「運送費」は、どちらも勘定科目です。

　金庫の現金が減った、という取引の1つめの見方をあらわしたのが「**現金　1,080**」です。

　そして、**宅配便代金が発生した**、という取引の2つめの見方をあらわしたのが「**運送費　1,080**」です。

　勘定科目には、いろいろなものがあります。また会社によって名称が違うこともあります。いくつか例をあげましょう。

勘定科目

銀行の普通預金口座に預けてあるお金	→	**普通預金**
会社が所有している営業用のクルマ	→	**車両運搬具**
銀行から借りたお金	→	**借入金**
社員の給与から差し引いて預かった税金	→	**預り金**
会社の資本金	→	**資本金**
商品を売ったときにもらった代金	→	**売上**
銀行に預けたお金についた利息	→	**受取利息**
売るための商品を買ったときに払った代金	→	**仕入**
取引先を接待したときに使ったお金	→	**接待交際費**

※そのほかの主な勘定科目の一覧は P.78〜P.81 を参照

第2章
仕訳ってどんなもの？

65

勘定科目には5つのグループがあります

 資産、負債、純資産、収益、費用に分けられます

たくさんある**勘定科目**(かんじょうかもく)は、大きく5つのグループに分けられます。

資産(しさん)**グループ**	将来、お金になるもの	金庫内の現金 銀行口座の預金 など
負債(ふさい)**グループ**	将来、お金を払わなくてはならないもの	商品を掛けで買った代金 借金 など
純資産(じゅんしさん)**グループ**	資産と負債の差額	会社の資本金 など
収益(しゅうえき)**グループ**	会社の財産を増やすもの	商品の売上 など
費用(ひよう)**グループ**	収益をあげるために使ったもの	社員の給料 備品などの購入費 など

例えば、P.65の例であげた勘定科目は、次のようにグループ分けができます。

どの勘定科目が、どのグループか覚えなくちゃいけないの？

このあとで学ぶ、**複式簿記のやり方**を理解するポイントになります。
少しずつ覚えていきましょう！

6 取引があったら仕訳をします

📌 仕訳を書く欄は、左側と右側に1つずつあります

ここまで説明した通り、会社のすべての取引は、複式簿記により、勘定科目と金額を、帳簿に記録していきます。

これを、**仕訳**といいます。

1つの取引を仕訳するときは、次のようになります。

🔴左 借方	貸方 🔴右
勘定科目　　金額	勘定科目　　金額

このように仕訳では、勘定科目と金額を書く欄が、**左側と右側に1つずつ**あります。

よく見ると、上の欄に「**借方**」「**貸方**」と書かれていますね。

複式簿記では、**左側のことを借方**といい、**右側のことを貸方**というのです。

「借りる方、と書くのだから、借りたお金のことかな？」と思いがちですが、それは間違いです。**借りるとか、貸すとかいう意味は、まったくありません**。たんに、複式簿記の世界での決まりごとです。

左側は借方、右側は貸方
と覚えればいいのね！

実際に仕訳をしてみましょう

　では、宅配便代金の1,080円を、経理の金庫から現金を出して払ったときの、仕訳をしてみましょう。

　P.65のように、この取引は複式簿記では「**現金　1,080**」と「**運送費　1,080**」の2つの見方をして記録するのでした。

　すると、こうなります。

左 借方	貸方 右
運送費　　1,080	現金　　1,080

　これで見るとわかる通り、仕訳をするときは金額の前後に「¥」や「円」はつけません。

でも、なぜ現金が貸方で運送費が借方になるの？

　これには、**ある決まりごと**があるのです。それを、次のページから学んでいきましょう。

複式簿記は、仕訳のやり方さえわかれば、あとはスムーズに理解できますよ

7 会社の財産ともうけを知りたいですよね！

📌 財産ともうけが、わかる書類があります

　仕訳をするときの決まりごとを学ぶ前に、知っておきたいことがあります。

　会社の経理を複式簿記で行うのは、それによって、会社がいまどんな状態にあるのかを、お金の面から正確につかむためです。

　そうすることで**知りたいこと**は、大きく2つあります。

| **財産**はいくらか | **もうけ**はいくらか |

財産の額と、もうけの額を知ることが、複式簿記の目的です。
では、どうやって知るのかというと、**書類をつくる**のです。
それは**貸借対照表**と**損益計算書**です。

貸借対照表（たいしゃくたいしょうひょう）
財産がいくらか
わかる書類

損益計算書（そんえきけいさんしょ）
もうけがいくらか
わかる書類

貸借対照表の中身はこうなっています

貸借対照表	
ⓛ 借方	貸方 ⓡ
資産 （プラスの財産）	負債 （マイナスの財産）
	純資産 （資産と負債の差額）

損益計算書の中身はこうなっています

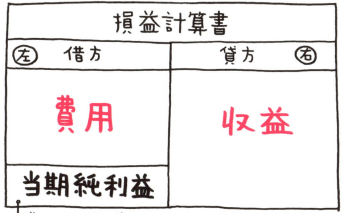

仕訳の決まりごとを覚えてしまいましょう！

 2つの書類に、何が書かれていたか確認しましょう

　会社の財産がわかる**貸借対照表**と、もうけがわかる**損益計算書**を、もう一度見てみましょう。

貸借対照表

左 借方	貸方 右
資産	負債
	純資産

損益計算書

左 借方	貸方 右
費用	収益

↓

資産グループ
負債グループ
純資産グループ
が書かれている

↓

収益グループ
費用グループ
が書かれている

　P.66で学んだ勘定科目の5つのグループは、すべて**貸借対照表と損益計算書のどちらかに書かれている**ことがわかりますね。

　さて、ここからが**仕訳をするときの決まりごと**の説明です。

📌 仕訳をするときは、2つの書類を思い出します

p.69で、宅配便代金を現金で払ったときの仕訳は、次のようになっていましたね。

左 借方	貸方 右
運送費　1,080	現　金　1,080

ここで、借方（左側）に書かれている「運送費」は、勘定科目の5つのグループのうち、どれにあてはるでしょうか。

えーと……**費用**グループ？

正解です！では、貸方（右側）の「現金」は、どのグループ？

現金は、確か……**資産**グループ？

よくできました！

さて、先ほど仕訳をするときに、なぜ費用グループの「運送費」を借方に書いて、資産グループの「現金」を貸方に書くのか、疑問が残りましたね。じつはその答えは、貸借対照表と損益計算書にあるのです！

仕訳をするときはいつでも
貸借対照表と損益計算書を思い出せばいいのです！

財産がわかる書類を思い出して仕訳をします

📌 **貸借対照表をイメージして、仕訳をすれば簡単です！**

　仕訳でわかりにくいのは、2つの勘定科目を借方（左側）と貸方（右側）のどちらに書けばいいのか、です。

　これを解決するには、**貸借対照表と損益計算書を思い出せばいい**、といいました。

　まず、貸借対照表の図をもう一度見てみましょう。右のようになっていました。

　この貸借対照表に書かれている資産、負債、純資産に、それぞれ （プラス）をつけてみます。

　この ⊕（プラス）は、**増えた（増加した）** という意味だと思ってください。

　つまり、**資産は増えたら借方（左側）になる**、ということです。
　逆に、**減ったときは貸方（右側）になります**。

負債と純資産についても、同じように考えます。
負債は増えたら貸方（右側）になり、減ったら借方（左側）です。
純資産も増えたら貸方（右側）、減ったら借方（右側）です。
これを整理すると、次のようになります。

左 借方	貸方 右
資産が増えた （＋）	資産が減った （－）
負債が減った （－）	負債が増えた （＋）
純資産が減った（－）	純資産が増えた（＋）

　これが、資産グループ、負債グループ、純資産グループの勘定科目を仕訳するときの決まりごとです。
　例えば、**「普通預金」は資産グループの勘定科目**でした。
「普通預金」が**増えた**取引を仕訳するときは、

**貸借対照表では
資産が増えたら借方**だった！

と思い出せば、簡単に仕訳ができるのです！

ウン、そういうことかぁ

もうけがわかる書類を思い出して仕訳をします

📌 **損益計算書をイメージして、仕訳をすれば簡単です！**

　資産、負債、純資産グループの勘定科目は、**貸借対照表を思い出せば**、借方（左側）と貸方（右側）に簡単に仕訳ができました。

　すると、あとの**収益、費用グループの勘定科目を仕訳する**ときは、どうしたらいいのでしょうか。

> 収益と費用は
> **損益計算書**に書かれてる！

　その通り！

　では今度は、損益計算書の図に書かれている収益、費用に、それぞれ ⊕（プラス）をつけてみましょう。

　ただし、わかりやすいように「当期純利益」は除きます。

　つまり、**収益は増えた（発生した）ら貸方（右側）になる**ということです。

　逆に、**減った（なくなった）ときは借方（左側）**になります。

　同じように考えて、**費用は増えた（発生した）ら借方（左側）、減った（なくなった）ら貸方（右側）**です。

これを整理すると、次のようになります。

左 借方	貸方 右
収益が減った ⊖	収益が増えた ⊕
費用が増えた ⊕ （発生した）	費用が減った ⊖ （なくなった）

　これが、収益グループ、費用グループの勘定科目を仕訳するときの決まりごとです。

　例えば、文房具代金などの**「消耗品費」は費用グループの勘定科目**でした。
「消耗品費」が**増えた**（発生した）取引を仕訳するときは、

**損益計算書では
費用が増えたら借方**だった！

と思い出せば、簡単に仕訳ができるのです！

なんか、わかっちゃった！

勘定科目にはこんなものがあります

📌 よく使うものから覚えていきましょう

　仕訳の決まりごとがわかったところで、**勘定科目**のおさらいをしておきましょう。

　勘定科目には、100以上の種類があるので、いきなり全部を覚えるのは大変です。

　毎日の仕訳で、よく使うものから1つずつ覚えていきましょう。

　以下に、5つのグループごとに、主な勘定科目をあげておきます。なれないうちは、この表を手元においておくと便利ですよ！

資産グループの勘定科目

現金	紙幣や硬貨のほか、すぐに通貨に換えられるもの
当座預金	銀行口座で、小切手などに使う利息のつかない預金
普通預金	銀行口座で、利息のつく預金
定期預金	銀行口座で、決まった期間、預ける預金
売掛金	商品などを売って、取引先からあとで支払ってもらう金額
受取手形	一定の期日に、一定の金額を受け取れる手形
有価証券	資金を増やす目的で売買する他社の株
商品（繰越商品）	本業で売ったり、買ったりするもの
消耗品	消耗品のうち、決算までに使わなかったものの金額
前渡金（前払金）	商品を受け取る前に支払った金額
貸付金	取引先や関係会社などに貸している金額
立替金	他社などのために立て替えて支払った金額

未収金（未収入金）	本業以外のものを売ったとき、あとで支払ってもらう金額
仮払金	なんのために使ったか、まだ決まっていない支払金額
前払費用	決算までに計上した費用のうち、当期分ではない金額
未収収益	決算までに計上していない収益のうち、当期分の金額
貸倒引当金※	売掛金などで将来回収できなくなる債権の見積額
建物	所有するビルや店舗、倉庫などの金額
機械装置	商品や製品をつくるために使う機械など
車両運搬具	事業を行うために買った自動車やトラック、バイクなど
備品	事務用に使う机やイス、パソコンなど
土地	所有する建物や駐車場などのための土地
減価償却累計額※	減価償却費として費用に計上した金額の合計額
創立費	会社を設立するために使った金額
社債発行費	社債を発行するために使った金額
保証金	事務所を借りるときに支払った保証金などの金額

※マイナスで表示される

負債グループの勘定科目

買掛金	商品などを買って、取引先にあとで支払う金額
支払手形	一定の期日に、一定の金額を支払う手形
借入金	銀行や取引先から借りている金額
未払金	本業以外のものを買ったとき、あとで支払う金額
未払費用	決算までに未計上の費用を当期分に計上する金額
前受収益	決算までに計上した収益のうち当期分ではない金額
前受金	商品を取引先に渡す前に受け取った金額
仮受金	なんのために受け取ったか、まだ決まっていない金額
預り金	従業員の給与から差し引いた源泉所得税や住民税など
退職給付引当金	従業員が働いている間に積み立てる退職金の見積額
社債	長期間の資金を調達するために発行した社債券の金額

純資産グループの勘定科目

資本金	株主からの出資額
資本準備金	株主からの出資金のうち、資本金にしなかった出資額
利益準備金	株主に配当する利益の一部を積み立てた金額
繰越利益剰余金	これまでの決算で計算された利益

収益グループの勘定科目

売上	商品を売ったときの金額
受取利息	銀行に預けている預金についた利息など
受取配当金	他社の株をもっているときに、受け取った配当金額
受取手数料	取引先などから受け取った手数料
受取家賃	所有する倉庫などを貸しているときに受け取った家賃
受取地代	所有する駐車場などを貸しているときに受け取った地代
雑収入	その他の収入
固定資産売却益	所有する固定資産を売ったときに発生した利益

費用グループの勘定科目

仕入	商品を買ったときの金額
役員報酬	役員に支払った報酬
給与（給料）	従業員に支払った給与（給料）
賞与	従業員に支払ったボーナス
退職金	従業員が退職したときに支払った退職金
法定福利費	従業員の社会保険料など
福利厚生費	従業員ために契約したスポーツクラブ利用料など
退職給付引当金繰入	当期分の退職給付引当金を見積もって費用とした金額
広告宣伝費	会社の宣伝のために使う費用

販売促進費	売上を多くするために使う費用
運送費（運賃）	宅配便などに使う費用
水道光熱費	水道料金、電気料金、ガス料金など
消耗品費	コピー用紙などの文房具の費用
賃借料	事務所や土地を借りるために支払った家賃や地代。支払家賃、支払地代に分ける場合もある
支払保険料	損害保険など会社が契約している保険の保険料
修繕費	機械などを修理したときに使う費用
租税公課	固定資産税や自動車税などの会社の税金
減価償却費	固定資産を耐用年数の間に費用として処理する
接待交際費	取引先を接待したときなどの費用
旅費交通費	外出や出張のために使う電車、タクシーなどの費用
通信費	電話やインターネット、郵便のために使う費用
支払手数料	銀行で振り込みをするときの手数料など
会議費	会議のために使う費用
図書費	本や雑誌を買うために使う費用
貸倒引当金繰入	見積もった貸倒引当金を計上する費用（貸倒損失）
雑費	その他の費用
支払利息	銀行から借り入れをしているときに支払った利息
固定資産売却損	所有する固定資産を売ったときに発生した損失

第2章 仕訳ってどんなもの？

費用グループが多いみたいね

習うより、なれろ!
とにかく練習しましょう

📌 現金、預金に関する取引を仕訳してみましょう

　仕訳の決まりごとと、勘定科目がわかったところで、実際に仕訳の練習をしてみましょう。

　仕訳をするときは、まずその勘定科目が、なんのグループかによって、2つの書類のどちらかを思い出すのでしたね。

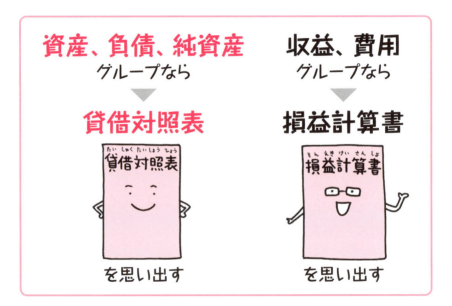

　そして、その勘定科目が増えたか、減ったかによって、借方(左側)と貸方(右側)に分けるのでしたね。

　では、次のページから、第1章「現金、預金を扱う仕事」で取り上げた取引を中心に、仕訳してみましょう。

旅費交通費の仕訳

Q 交通費を支払ったら？

A 発生した**旅費交通費**を借方に記入

社員が立て替えた交通費1,500円を精算して、現金で支払った

旅費交通費という**費用**グループの勘定科目が1,500円**発生して（増えて）**、**現金**という**資産**グループの勘定科目が1,500円**減った**と考えます。

旅費交通費（費用）が1,500円発生した

左 借方	貸方 右
⊕ 費 用	⊕ 収 益

損益計算書を思い出す！

旅費交通費（費用）

左 借方	貸方 右
⊕ 発生した	⊖ 取り消された

仕 訳

左 借方	貸方 右
旅費交通費 1,500	現金 1,500

もう1つの勘定科目でも確認しよう！　現金（資産）が1,500円減った

現金（資産）

左 借方	貸方 右
⊕ 増えた	⊖ 減った

消耗品費の仕訳

Q 文房具を現金で買ったら？

▼

A 発生した**消耗品費**を借方に記入

社員が立て替えた文房具代2,000円を精算して、
現金で支払った

▼

消耗品費という**費用グループ**の勘定科目が2,000円**発生して（増えて）**、
現金という**資産グループ**の勘定科目が2,000円**減った**と考えます。

消耗品費（費用）が2,000円発生した

左 借方	**貸方 右**
⊕ 費 用	⊕ 収 益

損益計算書を思い出す！

消耗品費（費用）

左 借方	**貸方 右**
⊕ 発生した	⊖ 取り消された

仕 訳

左 借方	**貸方 右**
消耗品費 2,000	現金 2,000

現金（資産）

？もう1つの勘定科目でも確認しよう！ | 現金（資産）が2,000円減った →

左 借方	**貸方 右**
⊕ 増えた	⊖ 減った

接待交際費の仕訳

Q 取引先との飲食代を払ったら？

▼

A 発生した**接待交際費**を借方に記入

社員が立て替えた取引先との飲食代20,000円を
精算して、現金で支払った

▼

接待交際費という**費用**グループの勘定科目が20,000円**発生して**（増え
て）、**現金**という**資産**グループの勘定科目が20,000円**減った**と考えます。

接待交際費（費用）が20,000円発生した

左 借方	貸方 右
⊕ 費 用	⊕ 収 益

損益計算書を思い出す！

旅費交通費（費用）

左 借方	貸方 右
⊕ 発生した	⊖ 取り消された

仕 訳

左 借方	貸方 右
接待交際費 20,000	現金 20,000

**もう1つの
勘定科目でも
確認しよう！**

現金（資産）が
20,000円減った

現金（資産）

左 借方	貸方 右
⊕ 増えた	⊖ 減った

第2章 仕訳ってどんなもの？

売上の仕訳

Q 商品を現金で売り上げたら？

▼

A 発生した**売上**を貸方に記入

社員が商品の売上代金80,000円を現金でもってきた

▼

売上という**収益グループ**の勘定科目が80,000円**発生して（増えて）、**
現金という**資産グループ**の勘定科目が80,000円**増えた**と考えます。

売上（収益）が80,000円発生した（増えた）

左 借方	貸方 右
＋ 費 用	＋ 収 益

損益計算書
を思い出す！

売上（収益）

左 借方	貸方 右
－ 取り消された	＋ 発生した

仕 訳

左 借方	貸方 右
現金 80,000	売上 80,000

もう1つの
勘定科目でも
確認しよう！

現金（資産）が
80,000円増えた

現金（資産）

左 借方	貸方 右
＋ 増えた	－ 減った

普通預金の仕訳

Q 銀行に現金を預けたら？

▼

A 増えた**普通預金**を借方に記入

普通預金の口座に金庫の現金100,000円を預けた

▼

普通預金という**資産グループ**の勘定科目が100,000円**増えて**、**現金**という**資産グループ**の勘定科目が100,000円**減った**と考えます。

普通預金（資産）が100,000円増えた

左借方	**貸方右**
⊕ 資　産	⊕ 負　債
	⊕ 純資産

貸借対照表を思い出す！

普通預金（資産）

左借方	**貸方右**
⊕ 増えた	⊖ 減った

仕　訳

左借方	**貸方右**
普通預金 100,000	現金 100,000

もう1つの勘定科目でも確認しよう！

現金（資産）が100,000円減った　→

現金（資産）

左借方	**貸方右**
⊕ 増えた	⊖ 減った

第2章

仕訳ってどんなもの？

87

普通預金の仕訳

Q 銀行から現金を引き出したら？
▼
A 減った**普通預金**を貸方に記入

普通預金の口座から現金150,000円を引き出して金庫に入れた

▼

普通預金という資産グループの勘定科目が150,000円減って、現金という資産グループの勘定科目が150,000円増えたと考えます。

普通預金（資産）が150,000円減った

左 借方	貸方 右
⊕ 資　産	⊕ 負　債
	⊕ 純資産

貸借対照表を思い出す！

普通預金（資産）

左 借方	貸方 右
⊕ 増えた	⊖ 減った

仕　訳

左 借方	貸方 右
現金 150,000	普通預金 150,000

もう1つの勘定科目でも確認しよう！　現金（資産）が150,000円増えた

現金（資産）

左 借方	貸方 右
⊕ 増えた	⊖ 減った

仮払金の仕訳

Q 仮払金を現金で渡したら？

▼

A 増えた**仮払金**を借方に記入

仮払金30,000円を社員に現金で渡した

▼

仮払金という**資産グループ**の勘定科目が30,000円**増えて**、**現金**という**資産グループ**の勘定科目が30,000円**減った**と考えます。

仮払金（資産）が30,000円増えた

左 借方	貸方 右
⊕ 資　産	⊕ 負　債
	⊕ 純資産

貸借対照表を思い出す！

仮払金（資産）

左 借方	貸方 右
⊕ 増えた	⊖ 減った

仕　訳

左 借方	貸方 右
仮払金 30,000	現金 30,000

もう1つの勘定科目でも確認しよう！

現金（資産）が30,000円減った

現金（資産）

左 借方	貸方 右
⊕ 増えた	⊖ 減った

第2章

仕訳ってどんなもの？

89

仮払金の精算の仕訳

Q 仮払金を精算するときは？

▼

A 減った**仮払金**を貸方に記入

仮払いで社員に渡した30,000円のうち、交通費で20,000円が支払われ、残金10,000円が戻ってきた

▼

仮払金という**資産グループ**の勘定科目が30,000円**減って**、旅費交通費という費用グループの勘定科目が20,000円発生して（増えて）、さらに**現金**という**資産グループ**の勘定科目が10,000円**増えた**と考えます。

仮払金（資産）が30,000円減った

▼

左 借方	貸方 右
⊕ 資 産	⊕ 負 債
	⊕ 純資産

貸借対照表を思い出す！

仮払金（資産）

左 借方	貸方 右
⊕ 増えた	⊖ 減った

仕 訳

↓

左 借方	貸方 右
旅費交通費 20,000 現　金　　10,000	仮払金 30,000

もう1つの勘定科目でも確認しよう！

旅費交通費（費用）が20,000円増えて、現金（資産）が10,000円増えた

旅費交通費（費用）

左 借方	貸方 右
⊕ 増えた	⊖ 減った

現金（資産）

左 借方	貸方 右
⊕ 増えた	⊖ 減った

第3章

入金と支払いの仕事

代金はあとでもらう!? ツケみたいなものです

📌 請求書はお客様用と会社控えの2部つくります

　商品やサービスを売って、**代金をあと払いしてもらう**（掛けで売る）ことを**掛売り（売掛け）**といいます。
　掛売りは、一般的に次の手順で行います。

売った商品とともに
納品書を送る
〔経理では掛売りの仕訳をする〕

↓

後日、**請求書**を送る

↓

代金が**入金**される
〔経理では入金の確認と入金後の仕訳をする〕

仕訳は、掛売りしたときと代金が入金されたときの2回行います

請求書は、経理が作成するか、営業担当者が作成するかして、お客様へ送ります。

経理で作成する場合は、１ヵ月間で発生した掛売りの請求書を、月末などにまとめて作成し、発送するのが一般的です。

請求書は、下のようになっています。パソコンで作成するときは、**２部作成**し、１部をお客様へ送り、もう１部は会社の控えにします。

御 請 求 書

請求書番号：○○○○○
201X 年○月○日

株式会社コパンダ商会　御中

〒○○○-○○○○
東京都新宿区○-○-○
ランランビル　３Ｆ

株式会社キラキラ商事
〒○○○-○○○○
東京都台東区○-○-○
TEL：03-○○○○-○○○○
FAX：03-○○○○-○○○○

ご請求金額：　　￥162,000

商品番号	商品名	品数	単価	金額
DIOU02	ダイオウイカ（ぬいぐるみ）	100	￥800	￥80,000
TKAS03	タカアシガニ（マグネット）	100	￥700	￥70,000
			小計	￥150,000
			消費税	￥12,000
			合計	￥162,000

お支払いは下記の銀行口座へお振込みください。
振込先：　　○○銀行　○○支店　普通口座　　○○○○○○○
　　　　　　　　　　口座名義　株式会社キラキラ商事
恐れ入りますが振込手数料は貴社にてご負担ください。

お振込み期限：201X 年○月○日

第3章　入金と支払いの仕事

95

掛売りしたら仕訳をします

📌 1回めの仕訳は、掛売りしたときです

掛売りの仕訳は、2回行います。1回めは**掛売りしたとき**。2回めは**代金を受け取ったとき**です。

1回めの掛売りをしたときは、まだ代金をもらっていませんが、**商品を売ったという取引があった**ので、それを帳簿に記録しておかなくてはなりません。

まずは、掛売りしたときの仕訳をしてみましょう。

> 〈例〉税込み10,800円の商品を掛売りした

勘定科目は、掛売りした代金10,800円が「**売掛金**」となり、売上げとなった10,800円が「**売上**」となります。

> 売掛金は、**資産グループ**なので
> **増えたら借方（左側）**に書きます

すると、仕訳は次のようになります。

借方	貸方
売掛金　　10,800	売　上　　10,800

📌 消費税は、2通りの扱い方があります

さて、ここでは代金を「税込み」としました。税込みとは、消費税を含む、という意味です。

商品やサービスを売ると、代金のほかに消費税がかかります。経理が消費税を扱うときは、次の2通りの方法があります。

ぜいこみほうしき
税込方式（内税方式）

➡ 消費税を含んだ金額で売上げを計算する方法

ぜいぬきほうしき
税抜方式（外税方式）

➡ 消費税を含まない金額で売上げを計算する方法

どちらにするかは会社によって違います
必ず確認しましょう！

消費税の扱いを確認する、と…

代金をあとでもらったらまた仕訳をします

📌 代金が銀行振込みされたら、預金が増えます

掛売りの2回めの仕訳は、**あとから代金を受け取ったとき**です。

では、税込み10,800円の掛売りの代金が、会社の普通預金の口座に振り込まれたら、どう仕訳をすればいいでしょうか。

この場合、勘定科目は、口座に振り込まれた10,800円が「**普通預金**」となり、掛売りの代金10,800円が「**売掛金**」となります。

普通預金は、**資産グループ**なので**増えたら借方（左側）**に書きます

すると、仕訳は次のようになります。

借方	貸方
普通預金　　10,800	売 掛 金　　10,800

売掛金は、支払われたために、減ったことになりますね。

売掛金は資産グループなので、減ったら貸方（右側）に書きます。この仕訳が正しいことが確認できましたね。

掛売りの代金が、銀行口座に振り込まれたら、忘れずに**預金出納帳**にも記録しておきましょう。

📌 振込手数料を自社が負担することがあります

　税込みの掛売り代金は10,800円なのに、普通預金口座には「10,368円」などと少ない金額しか振り込まれていないケースがあります。

　これは、お客様が代金を振り込むときに、**振込手数料の「432円」を差し引いた額を振り込んだ**ということです。つまり、振込手数料をあなたの会社が負担したのです。

　このときの仕訳は、次のようになります。

借方	貸方
普 通 預 金　　10,368 支払手数料　　　　432	売 掛 金　　　10,800

　代金から銀行手数料を差し引いた額を振り込まれたときは、「**支払手数料**」という勘定科目を使います。

　支払手数料は、費用グループの勘定科目です。費用グループの勘定科目が発生したら（増えたら）、借方（左側）に書くのでしたね。

　ですから、借方には、普通預金と支払手数料の2つを書くことになります。

1つの取引を
3つの見方をして
仕訳をしたのです

そっかぁ、ナルホド！

4 小切手は すぐに現金になります

📌 小切手は銀行へもっていくと、お金に換えてもらえます

　商品やサービスを売ったときの代金が、**小切手**で払われることもあります。

　小切手とは、**通貨代用証券**とも呼ばれ、**ほとんど現金と同じ扱い**がされます。受け取った小切手は、小切手に書かれた「支払地」の銀行にもっていくと、すぐに**現金に換えてもらえます**。

原則として
振出日を含む 11 日以内
に銀行へもっていきましょう

| AA1234560 | 小　切　手 | 東京　＊＊＊＊
0000-000 |

支払地
東京都新宿区○-○-○
株式会社○○○○銀行　○○支店

金額　　**¥32,400※**

上記の金額をこの小切手と引替えに
持参人へお支払いください

拒絶証書不要

振出日　平成○年○月○日　　　　**株式会社コパンダ商会**
振出地　東京都　　　　　　　　　代表取締役　熊田猫八　　(銀行印)

（注）小切手の金額は、あとから書き換えられないように、金額のアタマに¥マークをつけ、金額の末尾には
　　　※マークや☆マークをつける

📌 小切手の仕訳は、2回行います

では、**小切手の仕訳**をしてみましょう。

小切手の仕訳は、2回行います。1回めは**小切手を受け取ったとき**。2回めは**小切手を現金に換えたとき**です。

> ### 〈例〉　税込み 32,400 円で売った商品の代金が小切手で支払われた

〈小切手を受け取ったときの仕訳〉

額面32,400円の小切手の勘定科目は「**現金**」です。掛売りした代金32,400円の勘定科目は「**売上**」になります。

現金は資産グループです。増えたら借方（左側）に書きます。すると、仕訳は次のようになります。

借方	貸方
現　　金　　　32,400	売　　上　　　32,400

〈小切手を現金に換えたときの仕訳〉

小切手を銀行へもっていき、現金に換えてもらって、そのまま会社の普通預金口座へ入金してもらったとします。

小切手を渡したので勘定科目の「**現金**」が減り、代わりに「**普通預金**」が増えることになります。普通預金は資産グループです。

借方	貸方
普通預金　　　32,400	現　　金　　　32,400

手形は
すぐに現金になりません

📌 手形には、受取手形と支払手形があります

　商品やサービスを売ったときの代金が、手形で払われることもあります。

　手形とは、将来の「支払期日」（例えば120日後など）に、一定の金額を受取人に払うことを約束するものです。

（注）手形の金額は、あとから書き換えられないように、金額のアタマに¥マークをつけ、金額の末尾には※マークや☆マークをつける

　手形は、「支払期日」がくれば、「支払場所」の銀行へもっていき、現金に換えてもらえます。

　また、支払期日の前でも、銀行へもっていけば現金に換えてもらえますが、手数料など（割引料）が差し引かれます。これを**手形割引**といいます。

📌 手形の仕訳は、2回行います

では、**手形の仕訳**をしてみましょう。

手形の仕訳は、2回行います。1回めは**手形を受け取ったとき**。2回めは**支払期日がきて手形を現金に換えたとき**です。

〈例〉 税込み540,000円で売った商品の代金が手形で支払われた

〈手形を受け取ったときの仕訳〉

額面540,000円の手形の勘定科目は「**受取手形**」です。掛売りした代金540,000円の勘定科目は「**売掛金**」となります。

受取手形は資産グループです。増えたら借方（左側）に書きます。すると、仕訳は次のようになります。

借方		貸方	
受取手形	540,000	売 掛 金	540,000

〈支払期日に手形を現金に換えたときの仕訳〉

支払期日になり、手形の「支払場所」である銀行で現金に換えてもらい、そのまま会社の普通預金口座へ入金してもらったとします。

手形を渡したので勘定科目の「**受取手形**」が減り、代わりに「**普通預金**」が増えることになります。普通預金は資産グループです。

借方		貸方	
普通預金	540,000	受取手形	540,000

第3章　入金と支払いの仕事

6 商品をあと払いで仕入れることがあります

📌 請求書を受け取り、期日までに代金を振り込みます

　商品を仕入れるときにも、現金で仕入れる場合と、掛けで仕入れる場合があります。仕入れた商品の代金をあと払いする、つまり掛けで仕入れることを、**掛買い（掛仕入れ）**といいます。

　掛買いは、一般的に次の手順で行います。

仕入れた商品とともに**納品書**が届く

↓

〔経理では掛買いの仕訳をする〕

後日、**請求書**が届く

↓

代金を**支払う**

〔経理では支払いの仕訳をする〕

仕訳は、掛買いしたときと代金を支払ったときの2回行います

📌 現金で仕入れたときと、掛買いで仕入れたときの仕訳です

では、**仕入れをしたときの仕訳**をしてみましょう。

まずは、**現金で仕入れたとき**です。

> **〈例〉　税込み108,000円で仕入れた商品の代金を現金で支払った**

仕入れた商品108,000円の勘定科目は「**仕入**」になります。支払いの勘定科目は「**現金**」です。

仕入は費用グループです。発生したら（増えたら）借方（左側）に書きます。すると、仕訳は次のようになります。

借方	貸方
仕　　入　　108,000	現　　金　　108,000

次に、**掛買いで仕入れたときの仕訳**をしてみましょう。仕訳は、**掛買いしたとき**と、**代金を支払ったとき**の2回行います。

〈掛買いしたときの仕訳〉

仕入れた商品108,000円の勘定科目は「**仕入**」です。一方、掛買いの勘定科目は「**買掛金**」です。

仕入を借方（左側）に書くのは現金で仕入れたときと同じです。買掛金は負債グループなので、発生したら（増えたら）貸方（右側）に書きます。

借方	貸方
仕　　入　　108,000	買 掛 金　　108,000

〈代金を支払ったときの仕訳〉

　掛買いの代金を、銀行振込みで支払ったときの仕訳は、負債グループの「**買掛金**」がなくなった（減った）ので借方（左側）に書き、資産グループの「**普通預金**」が減ったので貸方（右側）に書きます。

借方	貸方
買　掛　金　108,000	普通預金　　108,000

　ただし、実際に銀行振込みをするときは、たいてい**振込手数料がかかります**。

　例えば、432円の振込手数料を、掛買いの代金と一緒に普通預金から払うときは、次のような仕訳になります。

借方	貸方
買　掛　金　108,000 支払手数料　　　　432	普通預金　　108,432

振込手数料を**現金で支払う**ときは、

借方	貸方
買 掛 金 108,000 支払手数料　　432	普通預金 108,000 現　　金　　432

となります

📌商品以外のものを掛買いしたときの仕訳です

　さて、以上は会社で売る商品を掛買いで仕入れたときの仕訳ですが、例えば、文具店から税込2,000円の文房具を掛買いしたときの仕訳はどうなるでしょうか。

　税込方式の場合を例にとると、次のようになります。

借方	貸方
消耗品費　　2,000	未 払 金　　2,000

　このように、**会社で売る商品以外のものを掛買いしたときは、「未払金」の勘定科目**を使います。

逆に、会社で売る商品以外のものを掛売りすると勘定科目は未収金です

間違いやすいわね

7 預金口座からの自動引き落としがあります

📌 預金通帳の記帳と、預金出納帳への記録を忘れずに

　会社の**預金口座から出金する**ものには、仕入先へ掛買いの代金を振り込んだり、金庫に現金を足すために引き出すほかに、電話料金や水道光熱費、事務所や店舗の家賃などの経費を、**預金口座からの自動引き落とし**にしているケースがあります。

　いつ、なんの代金が引き落とされるかは、送られてきた請求書をもとに事前にチェックしておき、引き落とし日に**預金の残高が不足しない**ようにしておかなくてはなりません。

毎月、何日に引き落とされるか**一覧表**にしておきましょう

　預金口座の残高は、週に１度などと決めて、こまめに**預金通帳に記帳**するようにします。自動引き落としがあったら、請求書の内容と照らし合わせて間違いがないかを確認し、引き落とされた取引を**預金出納帳に記録**しておきます。

日付	摘要	科目	預入	引出	残高
9/5	現金預入	現金	100,000		750,000
9/8	プリティ社 買掛金支払い	買掛金		300,000	450,000
9/10	電話料金	通信費		30,000	420,000

📌 自動引き落としされた経費を仕訳します

では、自動引き落としされたときの仕訳をしてみましょう。

自動引き落としだからといって、**特別な仕訳をする必要はありません**。掛買いの代金の振り込みなど、そのほかの預金口座からの支払いと同じように仕訳します。

> 〈例〉 電話料金 30,000 円が自動引き落としされた

電話料金の勘定科目は「**通信費**(つうしんひ)」となります。通信費は費用グループなので、発生した（増えた）ら借方（左側）に書きます。

借方	貸方
通信費　30,000	普通預金　30,000

引き落とし日が、土日、祝日、銀行の休業日にあたるときは
翌営業日に引き落としされます

例えば毎月 10 日が引き落とし日のとき

10 日が土曜日だったら…
↓

… 9（金） [10（土）] 11（日） **12（月）** …

↑
月曜の 12 日に引き落とし

になるんですね!

請求書や領収書は保管しておきます

📌 誰にでも、わかりやすく整理するのがポイントです

　経理には、請求書や伝票をはじめ、領収書、レシートといった証憑書類など、たくさんの書類が集まってきます。これらは、**誰でもわかりやすいように整理して、保管しておかなくてはなりません。**

請求書の保管

　会社で発行した請求書は、発行した順にいったんまとめておき、入金があったものから、**月別**または**お客様別**に分けて、バインダーファイルなどに保管しておきます。

　受け取った請求書も、受け取った順にいったんまとめておき、支払いを終えた請求書には「支払済」などのスタンプを押して、月別にファイリングしておきます。

バインダーで整理しておくと便利！

伝票の保管

出金伝票、入金伝票、振替伝票は、それぞれ分けて、発生した順に、月別で保管しておきます。会社によっては、仕訳の記録は仕訳帳に書くのではなく、3種類の伝票のどれかを起こして記録していく経理のやり方をしているところもあります。そのため、伝票は種類別、月別に保管しておくほうがいいのです。

領収書、レシートの保管

Ａ４判コピー用紙やノートなどに、日付順に貼りつけて、月別に保管しておきます。

電話料金や水道光熱費、家賃など、毎月自動引き落としされるものは、項目の見出しをつけて別にまとめておくとわかりやすいです。

法律で保存期間が決められています

帳簿や証憑書類は、会社法や法人税法などの**法律によって保存が義務づけられている期間**があります。

1年分の書類はまとめて、箱やキャビネットなどにしまっておきましょう。また、最低3年分は、いつでも取り出されるところに、誰にでもわかりやすいように保管しておきましょう。

10年間保存するべきもの	7年間保存するべきもの
・主要簿（仕訳帳、総勘定元帳） ・補助簿（現金出納帳など） ・決算書　など	・領収書、レシート、預貯金通帳、 　請求書、納品書　など

なおみくんのおかげで
会社は大助かりだよ！

なんだか 顔つきまで
ベテランっぽくなってきたわ

ワア ほめられちゃった
よし もっとがんばろう！

オレも接待費ジャンジャン
使って新商品売るぞ！

ホントに大丈夫？

第 4 章

給与支払いと年末調整の仕事

もうすぐ給料日!!

あなたがいないとお給料がもらえません！

📌 タイムカードをチェックして、給与の額を計算します

　経理が、月に１度行う大事な仕事に、**社員の給与（給料）を計算して、支払う**仕事があります。

　経理のあなたが給与支払いの手続きをしないと、会社のみんながお給料をもらえません！　忘れずに行いましょう。

　手順は、次の通りです。

社員の勤務状況を確認する

　まず、タイムカードや勤務表から、社員１人ひとりについて、１ヵ月間の勤務時間や、出勤、欠勤の状況などを調べます。

給与の額を計算する

　社員の給与の中身は、次のようになっています。

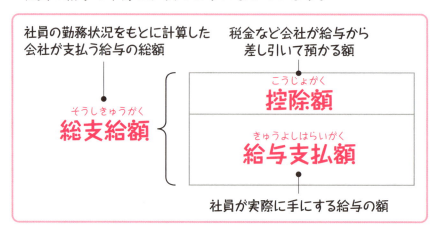

給与の計算は
　①**総支給額**を計算する（p.118 参照）
　②**控除額**を計算する（p.119 参照）
　③**給与支払額**を計算する
　　（①から②を差し引く）
の順番で行います

給与明細書をつくる

給与の内容（内訳）を書いた書類を、社員ごとにつくり、給与の支払日に渡します。P.124で詳しく説明します。

給与を銀行振込みする

給与の支払日の前までに、手続きをすませておきます。

やることがたくさんあって大変そう…

心配しないで！
次のページから1つずつ見ていきましょう

給与から差し引く お金があります

📌 まず、給与の総額を計算しましょう

会社が**社員に支払う給与の額**（総支給額）は、**基本給**といわれるものと、**手当**といわれるものの2つを足した額になります。

社員に支払う給与の額	**基本給** →勤務年数や担当する業務などで決められる →毎月、同じ額を支払う
	手当 →基本給以外で支払われる通勤代や残業代など →毎月、同じ額を支払うもの 　　通勤手当、役職手当、職能手当　など →月によって額が変わるもの 　　時間外労働手当、深夜労働手当　など

手当の種類や額は会社によって違います

📌 社員へ渡すのは、給与の全額ではありません

基本給と手当の額を足したものが、社員に支払う給与の額です。

ところが、この給与の額は、**社員が実際にもらえる額ではありません。**

なぜ、全部もらえないの!?

会社は、社員が払う税金を預かって、社員の代わりに納税することになっています。

また、健康保険や年金などにかかるお金も、社員から預かって、社員の代わりに納付します。

これらのお金を、給与から差し引くことを**控除**といいます！

給与から**控除**するお金は、大きく分けて、**税金と社会保険料**があります。この２つを、**法定控除**といいます。

控除するお金	
税金	→所得税と住民税がある　→p.120 参照
社会保険料	→健康保険料、介護保険料、厚生年金保険料、雇用保険料がある　→p.122 参照

第4章 給与支払いと年末調整の仕事

給与から税金を差し引きます

📌 社員の所得税を、会社が差し引いて預かります

会社は、社員に給与や賞与（ボーナス）を払うときに、**必ず所得税（および復興特別所得税）を差し引いて預かり**、社員の代わりに**納税**します。これを所得税の**源泉徴収**といいます。

所得税の額は、国税庁が作成する**「給与（または賞与）所得の源泉徴収税額表」**をもとに計算します。この表は毎年、税務署から会社に送られてきますし、国税庁ホームページにも掲載されています。

会社が預かった所得税は、原則として**給与の支払いをした日の翌月10日までに**、税務署に納めます。

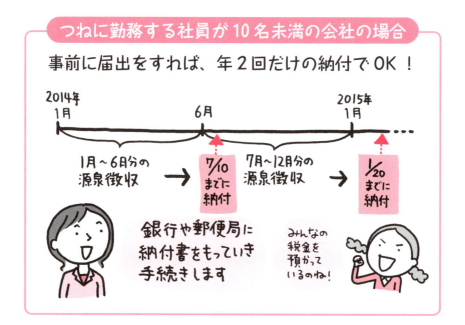

📌社員の住民税も、会社が差し引いて預かります

　地方自治体に納める**住民税**も、会社が社員の給与から差し引いて預かり、社員の代わりに納めます。これを、住民税の**特別徴収**といいます。

　会社は、当年の1年間に社員に払った給与の内容を**「給与支払報告書」**（P.136参照）という書類に記入して、翌年1月末までに社員が住む場所の市区町村役場に提出します。

　市区町村は、その書類をもとに社員が払うべき住民税の額を計算し、会社宛てに**「市町村民税・都道府県民税の特別徴収税額の決定通知書」**と**「納付書」**を送ります。

　つまり住民税は、前年の社員の給与（所得額）をもとに決められるのです。

　会社は、通知された額の住民税を社員の給与から差し引いて預かり、**給与の支払いをした日の翌月10日までに**、市区町村役場に納付します。納付の手続きは、銀行や郵便局でできます。

住民税の**納付書**は**1年分**がまとめて送られてきますなくさないでね！

社会保険料も給与から差し引きます

📌 **健康保険料、介護保険料、厚生年金保険料を預かります**

健康保険料、介護保険料、厚生年金保険料は、会社と社員がそれぞれ負担して払います。会社は、社員の給与から社員の負担分を差し引いて預かり、会社の負担分と合わせて、**給与の支払いをした日の翌月末までに**納付します。

納付先は、健康保険料、介護保険料は年金事務所（日本年金機構）または健康保険組合、厚生年金保険料は年金事務所です。

社員が負担する各保険料は
標準報酬月額をもとに計算します

各保険料 ＝ **標準報酬月額** × 各保険料率

標準報酬月額って
なんのこと？

標準報酬月額とは、社会保険料の計算を簡単にするために、社員の給与の総額が「〇円～〇円までの間なら、標準報酬月額はすべて〇円として扱う」とするものです。

　例えば、給与の総額が17万円だったら、「165,000円～175,000円までの間に当てはまるので、標準報酬月額は170,000円として扱う」というようになります。

　この「〇円～〇円までの間」は、細かく区分されていて、全国共通で使える一覧表になっています。

健康保険、介護保険の保険料率は**都道府県ごとに違う**ので注意してね！

📌 雇用保険料を預かります。労災保険料は全額会社負担です

　雇用保険と**労働者災害補償保険（労災保険）** を総称して、**労働保険**といいます。

　雇用保険料は、**会社の負担分と、社員の負担分**があります。また**労災保険料**は、**全額が会社の負担**になります。

　会社は、社員の給与から雇用保険の社員の負担分を差し引いて預かります。

　雇用保険料と労災保険料を合わせた労働保険料は、４月１日～翌年３月31日の**１年分の概算の保険料を前納**します。そして、１年が終わったあとに、実際に払った給与から正しい労働保険料を計算して、差額を調整します。

　その後は、毎年１回、６月１日～７月10日の間に、労働保険の申告と保険料の納付をします。

5 給与の内容を知らせる書類をつくります

📌 書類の形式はさまざまですが、記載項目は決まっています

いまはほとんどの会社で、給与支払いは銀行振込みにしています。そして給与支払日には、**給与明細書**を社員に渡します。

給与明細書は、その社員の給与計算をどのように行い、給与の総額や控除額はいくらだったかを、社員に知らせる書類です。

給与明細書の形式は、会社によっても違いますが、だいたい下の例のような内容になっています。

給与明細書（例） 平成○

部門	氏名
営業	鈴木マコト

勤怠	出勤日数	公休日数	有給日数	欠勤日数	残業時間	深夜残業	休出時間	遅刻回数	早退回数
	22.0	0.0	0.00	0.00	50.00	5.00	0.00	0	0

支給	基本給	役員報酬	役職手当	家族手当	食事手当	技能手当	職能手当
	250,000	0	0	0	0	0	5,000
	残業手当	欠勤控除	遅早控除	通勤手当(非)			
	104,100	0	0	15,000			

控除	健康保険	厚生年金保険	雇用保険		社会保険合計	課税対象額	所得税
	14,955	25,680	1,870		42,505	316,595	9,740

						総支給額	控除合計額
						374,100	62,045

124

下の明細書を例にとって見てみましょう

　まず、**基本給**は250,000円。このほかに**手当**として、残業手当が104,100円、通勤手当が15,000円、職能手当が5,000円ついており、これらを足した額の374,100円が、**給与の総額（総支給額）**です。

　また**控除するお金**としては、**社会保険料**（健康保険、厚生年金保険、雇用保険）と、**税金**（所得税、住民税）があります。

　実際に社員が手にする給与の額は、下のほうに**差引支給額**と書かれた312,055円になります。

年1月分給与		
株式会社キラキラ商事		
皆勤手当	出張手当	住宅手当
0	0	0
住民税	年調還付金	その他控除
9,800	0	0
差引支給額		
312,055		

6 給与の支払いも会社の取引です

📌 給与の仕訳は、いくつかの段階があります

　社員に給与を支払うことも、**会社にとっては取引の1つ**です。そのため、**給与を支払うときは仕訳をしなくてはなりません**。

　ただし、給与の支払いにともなう仕訳には、いくつかの段階があります。

給与を計算したときの仕訳

　給与額の計算式は、〈**総支給額－控除額＝給与支払額**〉でした。

　このうち、給与の**総支給額**は、一般的に「**給与**」という勘定科目を使います。会社によっては「**給料**」という場合もあります。

　給与の勘定科目は費用グループなので、発生した（増えた）ら、仕訳は借方（左側）に書くのでした。

　一方で、**控除額**にあたる、社会保険料や税金などは、会社の費用ではなく、給与から差し引いて会社が預かっているものなので、「**預り金**」という勘定科目を使います。

　預り金の勘定科目は、負債グループになります。負債が増えたら、仕訳は貸方（右側）に書くのでした。

　すると、仕訳は、例えば次のようになります。

借方	貸方
給　与　　400,000	預り金　　60,000

ただ、このままでは借方と貸方の金額が違います。この差額は、これから社員に払う**給与支払額**になるのです。

給与支払額は、まだこの時点では未払いなので、「**未払金**（みばらいきん）」という勘定科目を使います。未払金も負債グループの勘定科目なので、増えたら貸方（右側）に書きます。

借方	貸方
給　与　　400,000	預り金　　　60,000 未払金　　340,000

経理の初心者は、預り金の処理を忘れてしまい、借方（左側）を「給与　340,000」。貸方（右側）を「未払金　340,000」としがちなので注意しましょう。

給与を支払ったときの仕訳

次は、実際に給与を支払ったときの仕訳です。

前の仕訳で、給与支払額は「未払金」の勘定科目を使いました。今度はこの未払金が減ることになるので、借方に移ります。

もしも、給与を現金で払ったときは、次のような仕訳になります。

借方	貸方
未払金　　340,000	現　金　　340,000

また、会社の預金口座から振り込んだときは、貸方（右側）の現金が、「預金」の勘定科目に変わります。

ここまでの仕訳はわかったわ！

所得税、住民税を納付したときの仕訳

　社員の給与から会社が差し引いて預かった税金は、前の仕訳では「預り金」の勘定科目を使いました。今度は、この預り金が減るので、借方に移ります。

　もしも、税金を現金で納付したときは、次のような仕訳になります。

借方	貸方
預り金　　20,000	現　金　　20,000

　また、会社の預金口座から振り込んだときは、貸方（右側）の現金が、「預金」の勘定科目に変わります。

社会保険料を納付したときの仕訳

　健康保険料、介護保険料、厚生年金保険料、および労働保険料（雇用保険料と労災保険料）は、社員が負担する分と、会社が負担する分があります。

　社員が負担する分の保険料は、「**預り金**」の勘定科目を使い、会社が負担する分の保険料は、「**法定福利費**」の勘定科目を使います。

　預り金は負債グループです。負債が減るときは借方（左側）に書くのでした。また、法定福利費は費用グループで、費用が発生する（増える）ときは借方（左側）に書くのでした。

　ですから、もしも、社会保険料を現金で納付したときは、右ページのような仕訳になります。

借方	貸方
預り金　40,000 法定福利費　41,000	現　金　81,000

また、会社の預金口座から振り込んだときは、貸方（右側）の現金が、「預金」の勘定科目に変わります。

このように、給与の支払いにともなう仕訳は、給与計算のとき、給与支払いのとき、税金や社会保険料を支払ったときに行う必要があります。

勘違いをしやすい仕訳でもあるので、注意しましょう。

やっぱり経理で
大変なのは仕訳ですね

でも給与の仕訳は
毎月行うことなので
すぐになれますよ！

7 給与計算は年末にまとめをします

📌 社員の1年間の給与額が確定したら、年末調整をします

給与に関わる経理の仕事で、年に1度行うのが**年末調整**です。

会社は毎月、社員の給与から所得税を差し引いて預かり（源泉徴収）、社員に代わって税金を納付しています。

けれども、この月々差し引いてる所得税の額は、あくまでも社員が1年間に受け取るであろうと予測される、**給与の見込み額に対して計算し、算出したもの**でしかありません。

実際に1年を経過して、年間の給与額が確定しないと、正しい所得税額は計算できないのです。

いままで差し引いていたのは**見込みの所得税額**だったのね！

そこで行うのが、年末調整という手続きです。1年間の給与の総額が確定する、**12月分の給与または賞与計算**のときに、正しい所得税額を計算し直して、それまで差し引いてきた金額と比較します。そして、もしも払いすぎていたら、その分のお金は社員に戻しますし、逆に足りなければ12月分の給与から差し引く形で徴収します。

このように、差し引いてきた所得税を、1年の終わりに精算する作業が、年末調整です。

📌 社員に書類を書いてもらい、年末調整の計算をします

年末調整を行う手順は、次の通りです。

① 社員に記入、押印してもらう書類を入手して、渡す

② 社員から書類を受け取り、記入した内容に間違いがないかチェックする

③ 年末調整の計算をする（P.132 を参照）

④ 給与支払報告書（きゅうよしはらいほうこくしょ）、源泉徴収票（げんせんちょうしゅうひょう）、法定調書合計表（ほうていちょうしょごうけいひょう）をつくる（P.136 を参照）

まず、最寄りの税務署で配布している、次の2つの書類を入手して、社員1人ひとりに渡します。

●給与所得者の扶養控除等（異動）申告書（きゅうよしょとくしゃ ふようこうじょとう いどう しんこくしょ）
●給与所得者の保険料控除申告書兼配偶者特別控除申告書（きゅうよしょとくしゃ ほけんりょうこうじょしんこくしょけんはいぐうしゃとくべつこうじょしんこくしょ）

このとき、経理に書類を提出する期限を伝えましょう。

また、住宅ローンを払っている社員には、次の書類を提出してもらいます。

●給与所得者の住宅借入金等特別控除申告書（きゅうよしょとくしゃ じゅうたくかりいれきんとうとくべつこうじょしんこくしょ）
●住宅取得資金に係る借入金の年末残高等証明書（じゅうたくしゅとくしきん かかわ かりいれきん ねんまつざんだかとうしょうめいしょ）

年末調整の計算をします

📌 なれるまでは、ちょっと手間がかかるかもしれません

　社員から、年末調整に必要な書類を受け取ったら、早速、**年末調整**にとりかかります。

　それには、社員の1年間の**正しい所得税額**がわからなくてはなりません。

- 給与から差し引いてきた所得税額は、見込みの所得税額
- 正しい所得税額を計算する

見込みの所得税額 ＞ 正しい所得税額
→払いすぎた所得税額を社員へ返す

見込みの所得税額 ＜ 正しい所得税額
→足りない所得税額を社員に払ってもらう

　　これが**年末調整**

正しい所得税額はどうやって計算するの？

> これが**正しい所得税額**を計算する手順です

① 1年間の**合計所得金額**を計算する

合計所得金額は P.134 の [A] を参照 ⬇

② **所得控除額**を計算する

所得控除の種類は P.134 の [B] を参照 ⬇

③ ①－②で**課税所得額**を計算する

⬇

④ 課税所得額を、所得税の速算表にあてはめて、**税率**と**控除額**を計算する

所得税の速算表は P.135 の [C] を参照 ⬇

⑤ （③ × 税率）－控除額で**所得税額**を計算する

⬇

⑥ さらに**税額控除額**があれば、⑤の所得税額から差し引く

※税額控除とは、住宅ローンを払っているときの特別控除など

⬇

正しい所得税額が確定！

[A] 合計所得金額

社員に、給与所得以外の所得（事業を営んで得た所得や、株に投資して得た配当所得など）がなければ、**会社が1年間に支払った給与、賞与の合計額**になります。

※社員に給与所得以外の所得があるときは、社員が確定申告を行う

[B] 所得控除の種類

控除の種類	控除の要件	控除額
給与所得控除	すべての給与所得者	右ページ上の速算表を参照
基礎控除	すべての人	38万円
配偶者控除	配偶者の所得が年103万円以下の場合	38万円
配偶者特別控除	配偶者の所得が103万円超、141万円未満である場合	3万〜38万円
扶養控除	扶養者がいる場合	38万〜63万円
障害者控除	社員または配偶者、扶養者が障害者である場合	27万円〜
寡婦（寡夫）控除	社員が寡婦（または寡夫）である場合	27万円〜
勤労学生控除	社員が学生である場合	27万円
社会保険料控除	社会保険料を払っている場合	全額
生命保険料控除	民間の生命保険料を払っている場合	最高5万円
地震保険料控除	民間の地震保険料を払っている場合	最高5万円

〈給与所得控除額の速算表〉

給与などの収入金額	給与所得控除額
162.5万円以下	65万円
162.5万円超～180万円以下	収入額×40％
180万円超～360万円以下	収入額×30％＋18万円
360万円超～660万円以下	収入額×20％＋54万円
660万円超～1,000万円以下	収入額×10％＋120万円
1,000万円超～1,500万円以下	収入額×5％＋170万円
1,500万円超～	245万円(上限)

※ただし実際に計算するときには税務署から送付される表で計算するので、この速算表の計算とは若干異なる場合がある

［C］所得税の速算表

課税所得額	税率	控除額
195万円以下	5％	0円
195万円超～330万円以下	10％	97,500円
330万円超～695万円以下	20％	427,500円
695万円超～900万円以下	23％	636,000円
900万円超～1,800万円以下	33％	1,536,000円
1,800万円超～	40％	2,796,000円

※ただし、この表は平成26年分まで

9 年末調整後に提出する書類があります

📌 給与支払報告書、源泉徴収票、法定調書合計表をつくります

12月に年末調整がすんだら、**翌年の1月31日までに作成、提出**しておかなければならない書類がいろいろとあります。

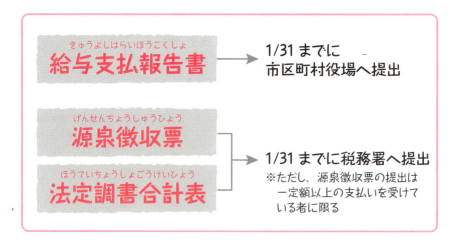

給与支払報告書は、1月1日時点で会社から給与の支払いを受けている社員のものを、その**社員が住んでいる場所の市区町村へ提出**します。

この書類は、税務署で開かれる年末調整の説明会に出席すると受け取れますし、税務署に行けば配布しています。

複写式になっていて、**給与支払報告書**と**源泉徴収票**が一度につくれるようになっています。つまり、この2つの書類は、用途が違うだけで、内容はほぼ同じものです。

一度書けば書類が2つできるのね

　給与支払報告書は、市区町村に提出して**住民税**を計算するための資料となるものであり、**源泉徴収票**は給与支払いを受けた**社員などに渡され**、社員などが確定申告をする際に使用されます。
　また源泉徴収票は、一定額以上の支払いを受けた社員などがいる場合には、**法定調書合計表**と一緒に**税務署へも提出**しなくてはなりません。
　法定調書合計表は、会社が払った給与の内容を記載した書類で、税務署への提出が義務づけられているものです。

　いずれの書類も、**提出期限は1月31日まで**です。忘れずに作成、提出しましょう。

源泉徴収票は、給与などの支払いの証明になる書類なので、**会社をやめる人**にも渡します

キミのおかげで
バッチリ給料を受け取れたよ

間に合ってよかった！

この調子で
ボーナスもよろしくね！

ハイ、ハイ
ちゃんと出たらね！

第5章

帳簿づけの仕事

仕訳をしたら終わりじゃない！最終ゴールは決算です

📌 仕訳をしたら、仕訳帳に記録していきます

経理は、発生したすべての取引を仕訳してきましたね。

仕訳は、まず**仕訳帳**という帳簿に記録しました（仕訳伝票に記録したり、会計ソフトに入力する場合もあります）。

仕訳帳には、**取引が発生した日付順**に仕訳を記録しましたね。

ところが、「これで帳簿は完成」というわけにはいきません。

なぜなら、**複式簿記のゴールは決算をすること**であり、決算では**勘定科目別**に金額を出さなくてはならないからです。

📌 仕訳帳の内容は、総勘定元帳に転記します

そこで登場するのが、**総勘定元帳**という帳簿です。**元帳**、という呼び方もします。

総勘定元帳は、**仕訳を勘定科目別に分けて記録する**ものです。

いったん、仕訳帳に記録した仕訳は、この**総勘定元帳へ書き移します**。これを「**元帳へ転記する**」といいます。

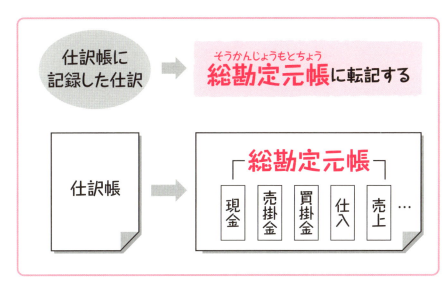

　会計ソフトを使っていれば、「仕訳」画面にデータ入力するだけで、自動的に元帳への転記も行ってくれます。

　でも、せっかく経理の勉強をしているのですから、ここで仕訳帳、総勘定元帳への記録の仕方を知っておきましょう。

会計ソフトが登場する以前は**帳簿づけ**は大変な作業だったんですよ

手書きならミス連発！間違いないわ、ウン

143

仕訳帳を書いてみましょう

 取引が発生した順に、仕訳を記録していきます

それでは、仕訳を仕訳帳に記録してみましょう。
仕訳帳には、取引が発生した日付順に、仕訳を書いていきます。

> 〈例〉 6/10に、コパンダ商会を訪問したとき、タクシー代2,500円を現金で払った

仕訳を考えるとき、これまでは次のような表を使っていました。

借方	貸方
旅費交通費　2,500	現　金　　2,500

タクシー代の勘定科目は「旅費交通費」。これは費用グループの勘定科目なので、発生したら（増えたら）借方（左側）に書きます。
さて、これを**実際に仕訳帳に書く**ときは、次のようになります。

〈仕訳帳の記入例〉

日付	摘要	借方	貸方
6/10	（旅費交通費）	2,500	
	（現金）		2,500
	コパンダ商会訪問タクシー代		

「摘要」欄には、仕訳をした借方と貸方の勘定科目を書きますが、このとき、勘定科目にはわかりやすいようにそれぞれカッコをつけます。

そして、借方の勘定科目は欄内の左寄りに書き、貸方の勘定科目は欄内の右に寄せて書きます。

「摘要」欄に勘定科目を書いたら、その下に仕訳した取引の内容を書いておきます。これを、小書きといいます。仕訳を書いたら、次に書く仕訳と区切りがわかりやすいように「摘要」欄の下に線を引きます。この線は、正式には赤色のペンを使って引きます。

仕訳帳を書くときのルール

- 勘定科目にはカッコをつける
- 借方の勘定科目を左寄り、貸方の勘定科目は右寄り
- 取引の内容を示す小書きを書く
- 「摘要」欄の下に赤い線を引く（次の仕訳と区別するため）

しっかり覚えなくっちゃ！

では、仕訳帳の書き方がわかったかどうか、問題をといて確かめてみましょう。次の例を、下の仕訳帳に書き込んでください。答えは右ページの下にあります。

〈例〉 7/5 に、取引先A社から、
80,000円の商品Bを掛買いで仕入れた

日付	摘要	借方	貸方

📌 2つ以上の勘定科目があるときは「諸口」と書きます

　仕訳は、借方または貸方が、2つ以上の勘定科目になることもあります。そんなときの仕訳帳の書き方にも決まりごとがあります。

　例えば、取引先のC社へ商品Dを売った代金50,000円のうち、10,000円を現金で受け取り、残りの40,000円を掛売りにした取引を仕訳帳に書くときは、どうなるでしょうか。

　まず、仕訳は次のようになります。

借方	貸方
現　金　　10,000 売掛金　　40,000	売　上　　50,000

146

商品を売った代金の勘定科目は「売上」。これは収益グループの勘定科目なので、発生したら（増えたら）貸方（右側）に書きます。

この仕訳を仕訳帳に書くと、次のようになります。

日付	摘要	借方	貸方
7/10	**諸口**　　　　　（売上）		50,000
	（現金）	10,000	
	（売掛金）	40,000	
	C社へ商品Dを販売		

あれ？ 諸口ってなに？

諸口というのは、**勘定科目が複数ある**ことを示すものです。この場合、借方の勘定科目が2つあるので、その上の行に諸口と書きます。ちょうど、貸方の勘定科目と同じ行で並ぶ形になります。

左ページの問題の答えです

日付	摘要	借方	貸方
7/5	（仕入）	80,000	
	（買掛金）		80,000
	A社から商品Bを掛買い		

正しく書き込めましたか？

総勘定元帳へ転記してみましょう

仕訳を勘定科目ごとに分けてまとめます

つづいて、**総勘定元帳**の書き方を見ていきましょう。

仕訳帳は、仕訳が発生した日付順に記録していくものですが、この記録した仕訳を、**勘定科目別に分けて書き移した（転記した）**ものが**総勘定元帳（元帳）**です。

総勘定元帳には、**標準式**と**残高式**の２つの形式があります。

標準式の総勘定元帳

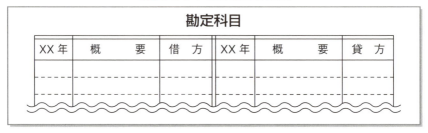

残高式の総勘定元帳

では実際に、仕訳帳から総勘定元帳への転記をしてみましょう。

例えば、取引先のコパンダ商会を訪問したときのタクシー代2,500円を現金で払ったときの仕訳帳への記録と、総勘定元帳（標準式の場合）への転記は、次のようになります。

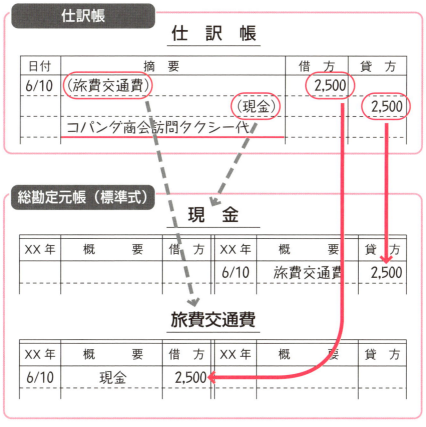

借方と貸方を間違えないようにしなくちゃ！

試算表をつくってみましょう

おおよその財産と、もうけを知るためにつくります

総勘定元帳ができたら、それをもとに**試算表**をつくります。試算表とは、**総勘定元帳のすべての勘定科目の残高を集計した表**です。

なぜ試算表をつくるの？

会社は、年に1度、**決算**という作業を行います。決算については次の第6章で説明しますが、要するに**会社が行った1年間の経営活動の総まとめ**にあたるものです。

決算により、1年間の会社の財産ともうけがわかるのですが、それまでの間は**毎月、おおよそどれくらいの財産ともうけがあるのかを知る**ためにつくるのが試算表です。試算表には3種類あります。

合計試算表（ごうけいしさんひょう）	総勘定元帳の各勘定科目の借方の合計額と、貸方の合計額を集計した表
残高試算表（ざんだかしさんひょう）	総勘定元帳の各勘定科目の残高を集計した表
合計残高試算表（ごうけいざんだかしさんひょう）	合計試算表と残高試算表を1つのまとめた表

このうち、**残高試算表**を詳しく見てみましょう。
実際の残高試算表は、次のようになっています。

残高試算表

借方残高	勘定科目	貸方残高
2,000,000 (資産)	現　金	
	買掛金 (負債)	1,500,000
	資本金 (純資産)	3,000,000
	売　上 (収益)	4,500,000
7,000,000 (費用)	仕　入	
9,000,000	合　計	**9,000,000**

ポイント　必ず一致する

　資産と費用のグループに属する勘定科目の残高は、必ず借方（左側）になります。
　一方、**負債、純資産、収益**のグループに属する勘定科目の残高は、**必ず貸方（右側）**になります。

借方残高の合計と、貸方残高の合計は**必ず一致**します

総勘定元帳から試算表をつくってみます

では、総勘定元帳から試算表（ここでは**残高試算表**）をつくってみましょう。

総勘定元帳

● 現　金

借方	貸方	残高
700,000		700,000

● 普通預金

借方	貸方	残高
1,600,000		1,600,000

● 建　物

借方	貸方	残高
2,500,000		2,500,000

● 買掛金

借方	貸方	残高
	700,000	700,000

● 借入金

借方	貸方	残高
	1,000,000	1,000,000

● 資本金

借方	貸方	残高
	3,000,000	3,000,000

● 売　上

借方	貸方	残高
	1,300,000	1,300,000

● 仕　入

借方	貸方	残高
900,000		900,000

● 給　与

借方	貸方	残高
200,000		200,000

● 通信費

借方	貸方	残高
100,000		100,000

残高試算表

借方残高	勘定科目	貸方残高
700,000	現　　金	
1,600,000	普通預金	
2,500,000	建　　物	
	買　掛　金	700,000
	借　入　金	1,000,000
	資　本　金	3,000,000
	売　　上	1,300,000
900,000	仕　　入	
200,000	給　　与	
100,000	通　信　費	
6,000,000	合　　計	6,000,000

借方残高の合計と、貸方残高の合計は、ともに6,000,000円で一致していますね

できたわ！

帳簿のつけ方もわかって仕事は順調です!

よかった! あとは新商品が売れるといいわね!

問題は、そこなんですよねえ…

………?

第6章

決算って
どんなもの？

年に1度の大仕事!

1年間の会社の成績表をつくります

📌 会社のもうけと、財産がわかる書類をつくります

会社は、経営活動を1年単位で区切って、その結果を**総まとめ**します。

これを、**決算**といいます

決算をするときには、書類をつくります。

1つは、1年間で**どんなもうけが、どれくらいあったか**がわかる書類です。

もう1つは、決算をした時点で、**どんな財産が、どれくらいあるか**がわかる書類です。

これらを、**決算書**といいます。

📌 会社では、特別な呼び方をする時期があります

　経営活動の、1年単位の区切りを、**会計年度**、または**事業年度**といいます。

　また、会計年度の最初の日を**期首**といい、最後の日を**期末**（または**決算日**）、期首から期末までの間を**期中**といいます。

　例えば、4月1日から翌年の3月31日までを1年間の区切りにしている会社では、下の図のようになります。

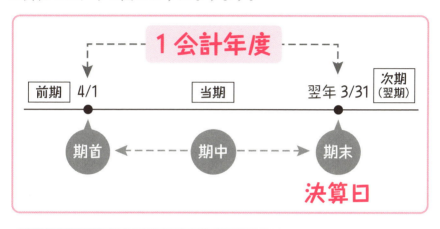

会計年度のことを**当期**といい、その前の1年間を**前期**、そのあとの1年間を**次期**（**翌期**）といいます

ナルホド

決算の流れを見てみましょう

📌 毎日の経理の仕事は、決算へ向けた積み重ねです

年に1度行う**決算**は、経理が毎日、毎月行ってきた仕事の総まとめでもあります。

経理では、会社のあらゆるお金の流れを記録するために、1年間にわたって次のような仕事を積み重ねます。

毎日、毎月の経理の仕事

1. **取引**が発生する
2. 取引を**仕訳**する
3. **仕訳帳**に記録する
4. **総勘定元帳**へ転記する
5. **試算表**をつくる（月に1度）

ここまではバッチリよ！

こうして、決算をするための準備ができます。

では、**決算を行う手順**を見てみましょう。
実際には、**決算書をつくる**までの手順です。

決算の手順

① 決算する月の**試算表**をつくる
（p.150 参照）

② **精算表**のフォームをつくる

③ **決算整理**を行う
（P.162 参照）

④ **精算表**を完成させる

⑤ **決算書**をつくる
（損益計算書、貸借対照表）

決算整理精算表って何？

決算整理とは、1年間が終わってみないと正しい内容や金額がわからないことを、決算のときに調べて、仕訳する作業です。次のページで説明します。

そして、この決算整理の仕訳の結果を、残高試算表（P.151参照）と一体化させて、決算書である損益計算書と貸借対照表の数字が出るようにしたものが、**精算表**です。

3 1年が終わらないと
できない仕訳があります

📌 決算整理では、4つの作業を行います

　取引が発生するたびに、毎日、仕訳をして記録していきますが、中には**1年間の経営活動を終えてからでないと、正確な仕訳ができないこと**があります。

　そのため、正しい決算を行うには、毎日積み重ねてきた仕訳に対して、最終的な調整（修正）を行わなくてはなりません。この作業が**決算整理**です。

　決算整理で行う主な作業は次の4つです。いずれも仕訳をします。

- 期末商品（きまつしょうひん）の棚卸し（たなおろ）
- 貸倒引当金（かしだおれひきあてきん）の計上
- 固定資産（こていしさん）の減価償却（げんかしょうきゃく）
- 収益（しゅうえき）と費用（ひよう）の整理

はじめての
ものばっかり！

大丈夫！
1つずつ見て
いきましょう

決算整理 1 期末商品の棚卸をする

[1]棚卸しをする
棚卸しとは、実際に商品の在庫数を調べて、正しい在庫数を確認し、帳簿に書かれている数と一致するかを確認する作業です。

[2]売上原価、売上総利益を計算する
棚卸しが終わったら、次に**売上原価**を計算します。

売上原価とは、当期に売り上げた商品の仕入にかかった金額です。

ただし、売り上げた商品の中には、次のようなものがあります。
- (A) 当期に仕入れて、当期に売れた商品
- (B) 前期に仕入れたが売れ残り、在庫になっていたが、当期に売れた商品

このほかに、商品には次のものがあります。
- (C) 当期に仕入れたのに売れ残り、次期の在庫となる商品

売上原価は、
(A)と(B)の金額の合計から
(C)の金額を差し引いたものです

さらに、商品の売上高から、売上原価を差し引いて、**売上総利益**を計算します。

[3]期末商品の棚卸し後に、仕訳をする
決算整理では、こうした作業や計算をした上で、正しい金額に基づいた仕訳を行います。

決算整理2 貸倒引当金の計上

会社は、取引先などのほかの会社に、お金を貸すことがあります。これを、**貸付金**といいます。

会社は、貸付金を要求できる権利があります。支払いを要求できる権利のことを、**債権**といいます。商品を売った代金を、あと払いしてもらう、売掛金なども債権の1つです。

ところが、債権があっても、相手の会社が倒産してしまえば、お金を払ってもらえなくなります。

これを、**貸倒れ**といいます

いまは大丈夫でも、将来、いつ倒産するかはわかりません。

そこで決算のときに、将来の貸倒れを予想して、払ってもらえなくなりそうな債権の金額を見積もり、あらかじめ費用として処理しておきます。これを、**貸倒引当金の計上**といいます。

決算整理では、貸倒引当金の金額を計算した上で、その金額の仕訳を行います。

決算整理3 固定資産の減価償却

建物や機械、備品、クルマなど、**1年以上の長期間にわたって使う資産**のことを、**固定資産**といいます。

固定資産は、**買ったときに全額を費用として処理することができません**。

固定資産は、時間が経つにつれて、価値がだんだん下がっていくので、その費用も同じように、**一定の期間（年数）をかけて、少しずつ費用として処理**します。

これを**減価償却**といい、
金額を**減価償却費**といいます

　決算整理では、当期の正しい減価償却費を計算した上で、正しい金額に基づいた仕訳を行います。

決算整理 4 収益と費用の整理

　会社が出し入れするお金の中には、次のようなものがあります。

当期に受け取っているが
次期の売上になるもの ･･･▶ **前受収益**

当期に支払っているが
次期の費用になるもの ･･･▶ **前払費用**

当期ではまだ受け取っていないが
当期の売上になるもの ･･･▶ **未収収益**

当期ではまだ支払っていないが
当期の費用になるもの ･･･▶ **未払費用**

　決算整理では、こうした収益や費用がないかを確認した上で、もしもあれば正しい金額に基づいた仕訳を行います。

4 会計ソフトを使えば決算もラクラク！

📌 毎日の仕訳と、決算整理の仕訳の入力だけでOK！

「決算は、大変だなあ」と、思ったかもしれませんね。

1年間の経理の総まとめですから、ふだんの経理の仕事よりも少し面倒くさくて、手間がかかってしまうのは仕方ありません。

でも、もしもあなたの会社で、**パソコンの会計（経理）ソフト**を使っていたら、**決算はそれほど手間のかかる作業にはなりません。**

会計ソフトに、毎日、仕訳の入力をしていき、決算のときにだけ、決算整理の仕訳を加えればOKです。

あとは、つくりたい書類を指定するだけで、**会計ソフトが自動的につくってくれます！**

決算の手順を示したときに（P.161参照）、決算整理の仕訳をしたあとで、決算書である損益計算書や貸借対照表の数字を出すために、**精算表**（せいさんひょう）という書類をつくるといいましたね。

　でも、会計ソフトを使っていれば、**この精算表もつくる必要がありません。**

　会計ソフトは、精算表をつくる手間をはぶいて、決算のための残高試算表から、**決算書づくり**までを、すべて自動的にやってくれるのです。

ですから、決算はどういうもので、どんな手順で行われるかだけを知っていればOKです！

大切なのは、**日頃の経理をしっかりやる**ことですね！

その通り!!

決算書は
いろいろな人が見ます

📌 **社長や銀行、株主などが注目します**

決算では、**決算書**をつくります。

決算書は、**財務諸表**と呼ばれることもあります。

どんな決算書をつくるかは、**会社法**や**法人税法**など、いくつかの法律で決められており、その内容は法律ごとに少し違います。

例えば、会社法で作成が義務づけられている決算書は、次の通りです。

計算書類 ｛ **貸借対照表　損益計算書**
株主資本等変動計算書
個別注記表

附属書類 ｛ **事業報告などの附属明細書**

これらの決算書は、**会社の成績表**ともいうべきものです。

決算書を見れば、その会社にどんな財産やもうけがあり、それがいくらなのかがわかるほか、経営状態についていろいろなことがわかります。

そのため、決算書はいろいろな人たちに見られます。

なぜ多くの人が決算書を見るかというと…

法人税（ほうじんぜい）や消費税（しょうひぜい）など、会社が納める税金を計算する資料になる

➡ 税務署に申告するときに、決算書を提出する

会社の経営者が、経営方針や資金繰（しきんぐ）りを考える資料になる

➡ 新商品を開発する資金があるかなどを、決算書を見て判断する

株主総会（かぶぬしそうかい）の決算報告（けっさんほうこく）で、株主などに提出する資料になる

➡ 決算書に書かれた数字は、株主にとって重要な情報となる

フーン 大事な書類なのね

第6章 決算ってどんなもの？

税金を納めるのを忘れないで！

 申告と納税を忘れるとペナルティがあります！

決算が終わったら、税務署に決算の内容を報告して、**会社にかかる税金を納める（納税する）**必要があります。

> これを**確定申告**といいます
> （かくていしんこく）

決算の内容を報告する書類を、**確定申告書**といいます。

会社は、**決算日（会計年度の最終日）の翌日から２ヵ月以内に**、税務署へ確定申告書を提出して、納税します。

例えば、３月31日が決算日の会社は、５月31日までに確定申告と納税をすませなくてはなりません。この期限を過ぎてしまうと、余計に税金をかけられるなどの罰則があるので注意しましょう。

> 税金の額を計算したり
> 確定申告書をつくる作業は
> **税理士**に頼めます！

> 経理は、税金の額を間違えずに
> 期限内に納めればいいんですね！

税金には、いくつか種類があります

会社にかかる主な税金は、次の通りです。

法人税（ほうじんぜい） ⋯▶ 会社の所得（利益）に対してかけられる、国の税金

法人住民税（ほうじんじゅうみんぜい） ⋯▶ 会社に対する地方税
（都道府県民税と市町村民税）
※東京23区内にある会社は法人都民税のみ

法人事業税（ほうじんじぎょうぜい） ⋯▶ 会社が行う事業に対する地方税

※このほかに消費税なども納めます。

確定申告と納税がすめば
1年間の経理の仕事は終わりです！
ご苦労様でした！

ヤッター！

第6章 決算ってどんなもの？

171

お疲れさまでした！
これでひと通り、経理の初歩は学び終えました。
どうでしたか、感想は？

「スラスラと、一度もつまずかずに読めた」!?
　もしもそうだったら、それは余裕をもってマスターできた証拠です。あなたには、ぜひ、もうワンステップ上をめざしてほしいと思います。あなたが仕事人として、まわりの人たちから認められ、頼られて、「経理のプロフェッショナル」と呼ばれる日も、そう遠くないでしょう。
　がんばってください！

「だいたいわかったけれど、少し疑問が残った」!?
　そんなあなたは、もう一度この本を、はじめから読み直してみてください。
　もうわかっているところも、読み飛ばさないで、1つひとつ確認していきましょう。もう一度、ていねいに読み返すことで、わかりづらかったことが、パッとわかることもあります。

　とくに、経理のポイントとなる「仕訳」や「簿記」については、できるだけ何度も繰り返して練習をすることで、どんどん力がつい

ていくものです。

　私が書いた『**これからはじめる人の簿記入門**』（新星出版社刊）なども参考にしていただければ幸いです。

　プロローグでいったように、**経理はとてもやりがいのある仕事**です。そして、**会社になくてはならない仕事**です。
　そのことを、あなた自身のこころの中でいつも思って、わからなかったことがわかるようになるまで、できなかったことができるようになるまで、これからも情熱をもって、経理の勉強を続けてほしいと思います。

索　引

あ行

印紙税	50
売上原価	163
売上総利益	163
売掛金	37

か行

買掛金	37
会計年度（事業年度）	159
介護保険料	119,122
会社印（角印）	31
確定申告	170
掛売り	37,94,96
掛買い	37,104,106
貸方	68
貸倒引当金の計上	164
貸付金	164
株主資本等変動計算書	168
借方	68
仮払い／仮払金	48
仮払金申請書	48
仮払金精算書	49
勘定科目	64,78 ～ 81
期首	159
期中	159
基本給	118
期末	159
期末商品の棚卸し	163
給与支払額	116
給与支払報告書	121,131,136
給与所得控除	134
給与の仕訳	126 ～ 129

給与明細書	117,124
銀行印	30
経費	36
経費精算書	45
経費の精算	44 ～ 47
決算	150,158,160
決算書	111,158,168
決算整理	161,162 ～ 165
決算日	159
減価償却	165
現金過不足	43
現金出納帳	42
健康保険料	119,122
源泉徴収	120
源泉徴収票	131,136
合計残高試算表	150
合計試算表	150
控除額	116
厚生年金保険料	119,122
交通費精算書	45
小切手	37,100
固定資産の減価償却	164
個別注記表	168
ゴム印（社判）	31
雇用保険料	119,123

さ行

債権	164
財務諸表	168
次期（翌期）	159
資産グループ	66,75
試算表	150

自動引き落とし …………………… 108	
社会保険料 ………………… 111,122	
収益グループ ……………… 66,76	
収益と費用の整理 …………… 165	
収入印紙 …………………………50	
住民税 ………………… 119,121	
出金伝票 …………………33,111	
主要簿 …………………………35,111	
純資産グループ …………… 66,75	
消費税 …………………………97	
証憑書類 …………………37,111	
諸口 …………………………… 147	
所得控除（額） ………… 133,134	
所得税（額） … 119,120,132	
仕訳 ……………………… 68〜77	
仕訳帳 ……… 35,142,144〜147	
請求書 …………………94,110	
精算表 ……………………… 161,167	
前期 ………………………… 159	
総勘定元帳（元帳）…… 35,142,148	
総支給額 ………………… 116	
損益計算書 ……… 70,76,158,168	

た行

貸借対照表 …… 70,74,158,168	
代表者印（実印）………………30	
棚卸し ……………………… 163	
単式簿記 …………………………59	
帳簿 …………………………34,111	
手当 ………………………… 118	
訂正印 …………………………27	
手形 ………………………… 102	
電卓 …………………………28	
当期 ………………………… 159	
当座預金 …………………………37	

特別徴収 …………………… 121	
取引 ……………………… 25,62	

な行

入金伝票 …………………33,111	
年末調整 ……………… 130〜135	
納税 ………………………… 170	

は行

費用グループ ……………… 66,76	
標準報酬月額 ……………… 122	
複式簿記 …………………59,60,64	
負債グループ ……………… 66,75	
振替伝票 …………………33,111	
法人事業税 ………………… 171	
法人住民税 ………………… 171	
法人税 ……………………… 171	
法定調書報告書 ………… 131,136	
簿記 …………………………59	
補助簿 …………………………35,111	

ま行

前受収益 …………………… 165	
前払費用 …………………… 165	
未収収益 …………………… 165	
未払費用 …………………… 165	

や行

預金出納帳 …………35,52,54,108	

ら行

領収書 …………………………50,111	
労災保険 …………………… 123	

175

● 著者プロフィール

佐々木　理恵（ささき　まさえ）

税理士。自由が丘産能短期大学・産業能率大学通信教育課程兼任教員。産業能率大学経営学部兼任教員。産業能率大学大学院総合マネジメント研究科税務マネジメントコース兼任教員。日本簿記学会会員。

平成4年以降、中央クーパース・アンド・ライブランド国際税務事務所、エルイーエフコンサルティング等において税務スタッフとして勤務。

平成19年に佐々木理恵税理士事務所を開業。法人・個人事業主のお客様に向けて、税務、経理等の業務サポートを提供。

短大、大学で簿記講師を務め、現在「会計学入門」「所得税法の基本」「財務諸表の考え方」なども担当。

著書に『これから始める人の簿記入門』（新星出版社）がある。

事務所ホームページ　http://www.masae-sasaki.com

本書の内容に関するお問い合わせは、**書名、発行年月日、該当ページを明記**の上、書面、FAX、お問い合わせフォームにて、当社編集部宛にお送りください。**電話によるお問い合わせはお受けしておりません。**
また、本書の範囲を超えるご質問等にもお答えできませんので、あらかじめご了承ください。

　FAX：03-3831-0902
　　お問い合わせフォーム：http://www.shin-sei.co.jp/np/contact-form3.html

落丁・乱丁のあった場合は、送料当社負担でお取替えいたします。当社営業部宛にお送りください。
本書の複写、複製を希望される場合は、そのつど事前に、(社)出版者著作権管理機構（電話：03-3513-6969、FAX：03-3513-6979、e-mail：info@jcopy.or.jp）の許諾を得てください。
JCOPY ＜(社)出版者著作権管理機構 委託出版物＞

	これから始める人の経理入門
	2015年1月25日　　初版発行
著　者	佐々木　理恵
発行者	富　永　靖　弘
印刷所	今家印刷株式会社
発行所	東京都台東区台東2丁目24　株式会社 新星出版社 〒110-0016　☎03(3831)0743

　© Masae Sasaki　　　　　　　　　　　　　Printed in Japan

ISBN978-4-405-02545-5